Der Weg durch Zentralasien
30 Tian-Shan (110–111)
31 Yssykkölsee (112–113)
32 Kirgisien (114–115)
33 Ferghanatal (116–117)
34 Samarkand (118–119)
35 Samarkand (120–121)
36 Buchara (122–123)
37 Buchara (124–125)
38 Amur Darya (126–127)
39 Chiwa (128–129)
40 Chiwa (130–131)
41 Kohne Urgentsch (132–133)
42 Merw (134–135)
43 Mashhad (136–137)
44 Tus (138–139)
45 Karawansereien (140–141)
46 Ghom (142–143)
47 Isfahan (144–145)
48 Schiras (146–147)
49 Seeweg (148–149)

W0291823

Der Weg durch Vorderasien
50 Qazvin (152–153)
51 Rasht (154–155)
52 Ardebil (156–157)
53 Täbris (158–159)
54 Karakelisa (160–161)
55 Chor Virab (162–163)
56 Edschmiadzin (164–165)
57 Nordarmenien (166–167)
58 Tiflis (168–169)
59 Mzechta (170–171)
60 Poti (172–173)
61 Schwarzes Meer (174–175)
62 Hamadan (176–177)
63 Kermanschah (178–179)
64 Kordestan (180–181)
65 Westiran (182–183)
66 Bagdad (183–184)
67 Halabiya (186–187)
68 Palmyra (188–189)
69 Aleppo (190–191)
70 Hama/Homs (192–193)
71 Damaskus (194–195)
72 Krak (196–197)
73 Byblos (198–199)
74 Beirut (200–201)
75–76 Mittelmeer (202–204)

Hermann-Josef Frisch

Die Welt der Seidenstraße

Hermann-Josef Frisch

Die Welt der Seidenstraße

Von China nach Indien und Europa

THEISS

Die Deutsche Nationalbibliothek verzeichnet diese Publikation
in der Deutschen Nationalbibliografie;
detaillierte bibliografische Daten sind im Internet über
http://dnb.d-nb.de abrufbar.

Das Werk ist in allen seinen Teilen urheberrechtlich geschützt.
Jede Verwertung ist ohne Zustimmung des Verlags unzulässig.
Das gilt insbesondere für Vervielfältigungen,
Übersetzungen, Mikroverfilmungen und die Einspeicherung in
und Verarbeitung durch elektronische Systeme.

Der Konrad Theiss Verlag ist ein Imprint der WBG.

© 2016 by WBG (Wissenschaftliche Buchgesellschaft), Darmstadt
Die Herausgabe des Werkes wurde durch
die Vereinsmitglieder der WBG ermöglicht.
Redaktion: Fatoumata Diop, Frankfurt a. Main
Einbandabbildungen: Seidenstraße © hasachai – istockphoto.com
Einbandgestaltung: Jutta Schneider, Frankfurt
Satz: Hermann-Josef Frisch, Overath
Gedruckt auf säurefreiem und alterungsbeständigem Papier
Printed in Germany
Besuchen Sie uns im Internet: www.wbg-wissenverbindet.de

ISBN 978-3-8062-3390-2

Elektronisch sind folgende Ausgaben erhältlich:
eBook (PDF): 978-3-8062-3406-0
eBook (epub): 978-3-534-8062-3407-7

Inhalt

Wo Ost und West sich begegnen 9

Die Seidenstraße – eine Legende 12

Der längste Handelsweg der Welt 14
Drei Irrtümer 16
Name und Erforschung 18
Geografie der Seidenstraße 20
Wegstrecken der Seidenstraße 22
Anfang und Ende der Seidenstraße 24
Seide 26
Handel 28
Ideen und Erfindungen 30
Die Religionen der Seidenstraße 32
Völker und Sprachen 34
Geschichte der Seidenstraße: die Antike 36
Geschichte der Seidenstraße: die Blütezeit 38
Geschichte der Seidenstraße: die Mongolenzeit 40
Niccolò, Maffeo und Marco Polo 42
Die neue Seidenstraße 44

Der Weg durch China 46

Xian – die Kaiserstadt 48
Der Hexi-Korridor und Lanzhou 50
Bing Ling Si und der Gelbe Fluss 52
Die Moschee von Linxia und der Stupa von Xiahe 54
Das Kloster Labrang 56
Das Kloster Kumbum 58
Jiayuguan – das Ende der Chinesischen Mauer 60
Die Wüste Gobi 62
Dunhuang und die Wüste Taklamakan 64
Die Mogao-Grotten 66
Die Turpan-(Turfan-)Senke 68
Jiaohe und Gaochang – verlorene Pracht 70
Die Bezeklik-Grotten 72
Oasenstädte nördlich der Taklamakan 74
Oasenstädte südlich der Taklamakan 76
Kashgar – die westlichste Stadt Chinas 78

Der Weg nach Nordindien 80

China
Bergwelt des Kongur Shan und Mustagh Ata 82
Taxkorgan und Pamirgebirge 84
Der Khunjerab-Pass 86
Der Karakorum Highway 88

Pakistan
Das Hunzaland 90
Das Gilgittal im Karakorum 92
Das Industal 94
Taxila – die buddhistische Universität 96

Indien
Der Weg durch den Punjab 98
Entlang der Yamuna und des Ganges 100
Varanasi, die heilige Stadt 102
Lumbini, Bodh Gaya, Sarnath und Kushinagara 104
Nalanda – das buddhistische Zentrum 106

Der Weg durch Zentralasien 108

Kirgistan
Der kirgisische Alatau und der Yssykkölsee 110
Die Bilder von Chopol Ata 112
Die Steppen Kirgistans 114

Usbekistan
Das Ferghanatal 116
Samarkand – Afrasiab – Marakanda 118
Samarkand – das fruchtbare Land 120
Buchara – die edle Stadt 122
Buchara – Samaniden und Karachaniden 124
Entlang des Amudarja 126
Chiwa – die Schöne 128
Chiwa – Hauptstadt von Choresme 130

Turkmenistan
Kohne Urgentsch (Köneürgenç) 132
Merw – Parther und Seldschuken 134

Iran
Mashhad – heilige Stadt der Schiiten 136
Tus – der Dichter Firdausi 138
Karawansereien in der Salzwüste Dascht-e Kawir 140
Ghom (Qom) – islamische Hochschulstadt 142
Nach Süden zur Seeroute: Isfahan 144

Pasargadai und Persepolis 146
Nach Süden zur Seeroute: Schiras 148

Der Weg durch Vorderasien 150

Nach Norden: *Iran*
Qazvin und Sultaniyeh 152
Vom Elburs-Gebirge zum Kaspischen Meer 154
Ardabil – Seiden- und Teppichstadt 156
Täbris – Ostaserbaidschan 158
Qara Kelisa – die Schwarze Kirche 160

Armenien
Chor Virab – das Gründungskloster 162
Etschmiadsin – die armenische Kirche 164
Nordarmenien – karges Land 166

Georgien
Tiflis/Tbilissi 168
Mzcheta – religiöses Zentrum Georgiens 170
Der Weg zum Schwarzen Meer 172
Konstantinopel/Byzanz/Istanbul 174

Nach Westen: *Iran*
Hamadan 176
Kermanschah – Stadt der Sassaniden 178
Kurdenland und Taq-e Bostan 180
Westiran – der Urmiasee 182

Irak
Bagdad – Stadt der Abbasiden 184

Syrien
Städte am Euphrat 186
Palmyra – die Oase Tadmor 188
Aleppo – Hauptstadt islamischer Kultur 190
Von Aleppo nach Damaskus – Ebla und Hama 192
Damaskus – Stadt der Omayyaden 194
Krak des Chevaliers – die Kreuzfahrer 196

Libanon
Byblos – Alphabet und Papyrus 198
Beirut – Sidon – Tyros 200
Mittelmeer bis Rom 202
Mittelmeer bis Venedig und Genua 204

Die Seidenstraße – eine Perspektive 206

Bild- und Textnachweis 208

Wo Ost und West sich begegnen

»Kaiser, Könige und Fürsten, Ritter und Bürger – und ihr alle, ihr Wissbegierigen, die ihr die verschiedenen Rassen und die Mannigfaltigkeit der Länder dieser Welt kennen lernen wollt – nehmt dieses Buch und lasst es euch vorlesen. Merkwürdiges und Wunderbares findet ihr darin, und ihr werdet erfahren, wie sich Groß-Armenien, Persien, die Tatarei, Indien und viele andere Reiche voneinander unterscheiden. Dieses Buch wird euch genau darüber unterrichten, denn Messer Marco Polo, ein gebildeter edler Bürger aus Venedig, erzählt hier, was er mit eigenen Augen gesehen hat.«

So beginnt der Reisebericht, den der venetianische Kaufmann Marco Polo (1254–1324) im Jahr 1299 in genuesischer Gefangenschaft seinem Mitgefangenen Rustichello da Pisa diktierte und der im deutschsprachigen Raum unter dem Titel »Die Wunder der Welt« bekannt ist. Von 1271–1295 war Marco Polo mit seinem Vater und seinem Onkel auf der Seidenstraße und in China unterwegs (vgl. Seite 44f.). Durch seinen Bericht wurde der große Handelsweg zwischen Europa und China ins Bewusstsein der europäischen Völker gehoben.

Doch die Geschichte dieses Wegenetzes, das erst 1877 vom deutschen Forscher Ferdinand von Richthofen (1833–1905) »Seidenstraße« genannt wurde (vgl. Seite 18f.), ist viel älter. Sie beginnt spätestens mit dem chinesischen Entdecker und kaiserlichen Gesandten Zhang Qian (195–114 v. Chr.), der im Auftrag von Wudi (156–86 v. Chr.), des bedeutendsten Kaisers der Han-Dynastie, nach Westen geschickt wurde, um dort Partner gegen die Xiongnu zu suchen, des nomadischen Volkes nördlich von China, das immer wieder das chinesische Reich durch seine überraschenden Raubzüge bedrohte. Zhang Qian reiste zweimal nach Westen: Von 139–126 v. Chr. kam er entlang der Wüste Taklamakan (vgl. Seite 68f.) bis ins Fergahanatal (vgl. Seite 116f.) und nach Baktrien in das Gebiet des heutigen Afghanistan, Usbekistan und Turkmenistan. Seine zweite Reise führte ihn von 115–114 v. Chr. wiederum ins Ferghanatal in das Gebiet Sogdiens (heute Kirgistan und das östliche Usbekistan). Zhang Qian verfasste über beide Reisen einen ausführlichen Bericht, in dem er

Unterwegs in der Wüste Taklamakan, China

die vielen Völker und Kulturen, die er kennen lernen konnte, genau beschrieb. Sein Fazit der beiden Reisen gibt die Bedeutung der Handelswege von China nach Westen wieder: »Aus dem Wissen des anderen kommt uns die Erkenntnis des eigenen Lebens.«

Das ist neben Handel, Technik, Erfindungen und Religionen, die über das Netz der Seidenstraße zwischen Ost und West wanderten, wohl die wichtigste Bedeutung dieser zentralen Verbindung von Asien und Europa: Wo Ost und West sich treffen, wo Asien und Europa sich austauschen, wo sich die vielen Völker Ost-, Zentral- und Vorderasiens mit denen Europas begegnen, da findet nicht nur Handel und Austausch von Gütern statt, sondern da wächst ein besseres Verständnis des Lebens der anderen. Ein solches Kennenlernen anderer Völker und Kulturen ist eine Bereicherung auch des eigenen Lebens. Die Seidenstraße ist eine Brücke zwischen Ost und West.

Marco Polo war auf dem Hinweg drei Jahre unterwegs, bis er den Hof des Mongolenkaiser Kubilai Khan in Khanbalik, dem heutigen Beijing (Peking) erreichte. Unsagbare Mühen auf dem Weg erforderten viel Zeit, im Winter waren die Wege über die Gebirge unpassierbar. Doch war die Seidenstraße zur Zeit der Mongolenherrschaft zumindest politisch ruhig – vergleichbar der Pax Romana im Römischen Reich erlaubte es die Pax Mongolica den drei Polos, sich ungehindert und sicher auf den weiten Weg von Europa nach China zu machen (den Rückweg legte Marco Polo zum größten Teil auf dem Seeweg zurück).

Zu anderen Zeiten waren die Routen der Seidenstraße aber durch sich bekriegende Völker und durch räuberische Überfälle schwerer zu passieren als zur Zeit der Polos. Vor ihnen unternahmen wohl nur wenige Europäer die weite Reise vollständig. Denn in der Regel wurden die Waren der Seidenstraße nur ein Stück des Gesamtweges transportiert und dann in den großen Handelsorten (wie Palmyra, Chiwa, Samarkand ...) an andere Kaufleute weiterverkauft. Allein die Missionare der verschiedenen Religionen aus dem persischen (Manichäismus, Zorostrismus) und nordindischen (Buddhismus) Raum (vgl. Seite 32f.) wanderten unter größten Mühen den ganzen Weg von Zentral- bzw. Südasien nach China. Umgekehrt sind dann ab der Zeitenwende auch buddhistische chinesische Mönche in die Zentren des Buddhismus nach Nordindien gewandert, um dort die zentralen Schriften des Buddhismus zu studieren und mit nach China zu nehmen (vgl. hierzu den Abschnitt »Der Weg nach Nordindien«, Seite 80ff.).

Heute dauert ein Flug von Frankfurt nach Beijing etwa zehn Stunden. Auf die alten Karawanenweg, die die Polos beschritten, sind wir nicht länger angewiesen. Dennoch wird die Seidenstraße von China nach Europa in unserer Zeit als Straßennetz und als Schienenweg wieder neu ausgebaut – dies geschieht vor allem durch die chinesische Regierung. Heute kann man von Europa aus über asphaltierte Straßen nach China fahren. Zusätzlich zur Transsibirischen Eisenbahn, die am Ende des 19. Jahrhunderts von Moskau über Ulan Bator nach Beijing gebaut wurde, soll künftig auch eine chinesische Schnellbahntrasse China und Mitteleuropa verbinden und bessere, vor allem schnellere Handelsverbindungen ermöglichen (vgl. Seite 44f.).

Doch vor allem bleibt die Faszination der Seidenstraße: Unermessliche reiche Güter sind über sie transportiert worden, eine Vielfalt von Erfindungen gelangte aus China nach Europa. Umgekehrt sind die unterschiedlichsten Religionen von West nach Ost gewandert und in China an die dortige Kultur angepasst worden. Mit mehr als 10 000 Kilometern ist die Seidenstraße der längste Handelsweg der Welt. Sie bestand über 1500 Jahre und auf ihr trafen sich Händler und Kaufleute, Mönche und Missionare, Forscher und Entdecker, Krieger und Diplomaten – Asien und Europa, Ost und West.

Der Dichter Heinrich Heine (1797–1856) hat ein Gedichtfragment unter dem Titel »Teleologie«) hinterlassen, das wie folgt beginnt:

»*Beine hat uns zwei gegeben*
Gott, der Herr, um fortzustreben,
wollte nicht, dass an der Scholle
unsre Menschheit kleben solle.«

Die Seidenstraße ist gleichsam die Umsetzung dieses Spruches – eine faszinierende Welt, ein legendenhafter Weg. Lassen Sie sich mitnehmen auf eine Reise in die *Welt des Seidenstraße.*

Hermann-Josef Frisch

Die Seidenstraße – eine Legende

Im Jahr 139 vor Christus, als die chinesische Han-Dynastie ihre Herrschaft gefestigt hatte und bereit war, über die Grenzen ihrer Herrschaft hinauszublicken, sandte der Kaiser Wu (Wudi, 141–87 v. Chr.) seinen erfahrenen Diplomaten Zhang Qian (195–114 v. Chr.) nach Westen. Er sollte als Kundschafter die Länder westlich von China erforschen und auch nach Verbündeten suchen, die China gegen die nomadischen Völker im Norden des Landes (vor allem die Xiongnu) beistehen würden. Zhang Qian kam auf dieser ersten Reise (139–126 v. Chr., eine zweite folgte ab 119 v. Chr) bis zum Volk der Yuezhi, einem indogermanischen Volk, das vom Tarimbecken (rund um die Wüste Taklamakan) bis zum zentralasiatischen Baktrien (heute vor allem Usbekistan) herrschte. Nach seiner Rückkehr schrieb Zhang Qian einen Bericht über seine Reise für den Kaiser. Darin beschreibt er die verschiedenen Völker, die er unterwegs kennenlernte. Als Fazit nennt er einen Gedanken, der am Anfang unserer Reise in die »Welt der Seidenstraße« stehen soll:

»*Mein Kaiser, es gibt nichts auf der Welt, das nicht zu einem anderen in Wechselbeziehung steht. Wenn wir nur von einem Teil ausgehen, können wir ihn nicht fassen. Erst aus dem Wissen des anderen kommt uns die Erkenntnis.*«

Seit der Zeit Kaiser Wudis, also im zweiten vorchristlichen Jahrhundert, wurde die Verbindung von Ost (China) und West (Europa über Zentral- und Vorderasien) zur wohl wichtigsten Verbindung der Kontinente. Dabei ging es vorrangig um Handel (Seide, aber auch viele andere Güter, vgl. Seite 28f.), aber ebenso um den Austausch von Gedanken, Erfindungen, ja sogar Religionen. Diese Brücke zwischen Ost und West hatte bis zum 15. Jahrhundert Bestand und wurde erst viel später »Seidenstraße« genannt.

1700 Jahre Austausch zwischen Ost und West zum Vorteil beider Seiten – da ist es kein Wunder, dass heute versucht wird, die alte Seidenstraße durch eine neue »Silk Road« wieder zu beleben. Die Seidenstraße ist *das* Beispiel einer frühen Globalisierung, ohne sie wäre die Geschichte Europas und Asiens wohl völlig anders verlaufen. Die Seidenstraße ist wegen ihrer nicht zu unterschätzenden Bedeutung zu einer Legende geworden, die Auswirkungen hat bis heute.

Reiter, Tang-Dynastie,
Shanghai Museum, China

Der längste Handelsweg der Welt

Von der früheren chinesischen Kaiserstadt Xian (zur Zeit der Han-Dynastie Chang'an genannt) bis Rom ist es auf dem reinen Landweg eine Strecke von ca. 11 500 km; im Einzelnen: Xian bis Kashgar, der westlichsten Stadt Chinas = 3730 km; Kashgar bis Samarkand in Usbekistan = 1265 km; Samarkand bis Mashhad im Iran = 1012 km; Mashhad bis Istanbul = 3328 km – zusammen 9335 km. Wählt man den (allerdings selten) genutzten Landweg von Istanbul nach Rom, so kommen 2219 km hinzu – zusammen überbrückt die *Seidenstraße* also einen Weg von 11 554 km. Zum Vergleich: Die Straßenverbindung *Panamericana*, die die Spitze Alaskas mit dem südamerikanischen Feuerland (Chile/Argentinien) verbindet, hat eine ungefähre Länge von 25 750 km. Die Panamericana wurde allerdings nie auf ihrer ganzen Länge als Handelsweg genutzt, sondern immer nur in Teilstücken. Auch ist sie an zwei Stellen in Mittelamerika und Kolumbien unterbrochen. Von ihrer wirtschaftlichen und kulturellen Bedeutung her ist die Panamericana in keiner Weise mit der Seidenstraße zu vergleichen. Die *Weihrauchstraße* (etwa von Sanaa im Jemen bis Damaskus in Syrien) hat eine Länge von ca. 3000 km. Sie hatte rein wirtschaftlich eine vergleichbare Bedeutung wie die Seidenstraße, allerdings fehlte hier weithin der kulturelle Austausch.

Straße bei Dunhuang, China

Der Weg von Xian in China nach Varanasi in Indien durch die Karakorumschlucht, den Punjab und die Gangesebene hat eine Länge von ca. 5700 km. Von Varanasi aus sind es bis ins Mittlere Land, wo der Buddha lebte, nur wenige hundert Kilometer: ca. 330 km nach Norden zur Geburtsstätte des Buddha in Lumbini (heute in Nepal) oder 255 km nach Südosten bis nach Bodh Gaya, dem Ort seiner Erleuchtung.

Die Seidenstraße in ihren beiden Wegstücken von China nach Europa und nach Nordindien kann also zu Recht als der längste Handelsweg der Welt bezeichnet werden. Über 1700 Jahre hinweg wurden hier die Hochkulturen China, Indien und Europa aneinander gebunden, Waren getauscht (in beide Richtungen), Erfindungen und Ideen weitergegeben (meist von China nach Europa), Religionen verbreitet (diese meist von West nach Ost).

Die Transportmittel der Seidenstraße waren je nach geografischen und klimatischen Bedingungen unterschiedlich: Wo es möglich war, wählte man Pferde- und Eselskarren, doch in Wüsten- und Steppengebieten waren Kamele gefragt. Im riesigen Netz der Handelsstationen auf den verschiedenen Strecken der Seidenstraße gab es überall Karawansereien und Handelsstationen, wo verkauft, gekauft, getauscht und vor allem umgeladen wurde. In beide Richtungen verteuerten sich so die gehandelten Güter durch die Gewinnspanne der verschiedenen Händler, aber auch durch Zölle und Abgaben.

Basar, Damaskus, Syrien

Drei Irrtümer

In Europa kennen wir aus der Antike das römische Straßensystem, das die verschiedenen Teile des Römischen Reiches über viele tausend Kilometer hinweg verband und die Grundlage dieses Reiches darstellte. Diese Staats- und Heerstraßen dienten nicht allein dem Handel zwischen den Provinzen, sondern vor allem dem schnellen Transport von Militäreinheiten und der Sicherung der oft bedrohten Grenzen (etwa in Deutschland entlang des Limes). Die römischen Straßen waren gepflastert, Meilensteine dienten der Orientierung.

Auch die beiden großen Straßen im südamerikanischen Inkareich (die königliche Straße von Cusco nach Quito [ca. 3000 km] und die längere Küstenstraße) waren in der Ebene breite, gepflasterte Straßen, in schwierigem Berggelänge aus dem Felsen gehauene Pfade, die eindeutig erkennbar waren und deshalb zu Recht als »Straße« bezeichnet werden konnten.

All das trifft auf die Seiden»straße« nicht zu. Vielmehr müssen hier drei Irrtümer korrigiert werden:

- Die Seidenstraße war keine Straße, erst recht keine ausgebaute und gepflasterte Verbindung. Es handelt sich hierbei um ein Netz von Handelsorten und Karawansereien quer durch Asien, zwischen denen sich die Karawanen frei bewegten (meist wohl durch örtliche Führer geleitet). Es war also kein vorgegebener Weg, keine »Straße« im eigentlichen Sinn, sondern eine Vielzahl von offenen Handelswegen durch Steppe und Wüste und anderes unwegsames Gelände.
- Die Seidenstraße bestand nicht aus einem Weg, sondern war ein unübersehbares Netz verschiedenster Wege (vgl. die vereinfachte Darstellung im Vorsatz/Nachsatz dieses Buches). Solche Wege veränderten sich je nach den politischen, aber auch geografischen Gegebenheiten. Als – um ein Beispiel zu nennen – die südliche Umrundung der Wüste Taklamakan durch zunehmenden Wassermangel schwieriger wurde, wurde die Nordumgehung bedeutungsvoller (vgl. Seite 76f.). Es gab Wege der Seidenstraße, die nördlich von Aralsee und Kaspischen Meer über Südrussland das Schwarze Meer erreichten, aber es gab auch Wege durch das Bergland von Afghanistan. Die meist genutzte Route allerdings ging von Kash-

Kamelkarren in Xinjiang, China

gar aus durch das heutige Kirgistan, Usbekistan, Turkmenistan und Iran. Dort verzweigte sich der Weg in den direkten Weg zum Mittelmeer über Bagdad, Palmyra und Aleppo. Oder der Weg verlief, wenn die politische Situation anderes nicht zuließ vom Iran aus nach Norden, querte Armenien und das heutige Georgien bis zum Schwarzen Meer. Nicht eine Straße also, sondern viele Wegmöglichkeiten, sodass man nicht von einer »Seidenstraße«, sondern von »Seidenstraße*n*« oder »Seidenwegen« sprechen sollte.

- Auf den Seidenstraßen wurde zwar als wichtigstes und kostbarstes Gut chinesische Seide von Ost nach West transportiert aber auch viele andere Güter in beide Richtungen (vgl. Seite 28f.). Neben der Bedeutung als Handelsverbindung wurden die Seidenstraßen in der Verbindung von China nach Europa auch zum »Transportweg« vieler Ideen und Erfindungen (vgl. Seite 30f.), in der Verbindung vom Vorderen Orient und von Nordindien zum Weg unterschiedlicher Religionen (vgl. Seite 32–35f.).

Die Seidenstraße war mithin ein Wegenetz, das den Austausch von Ost (China), West (Europa) und Süd (Indien) ermöglichte und damit Geschichte schrieb, die die großen Kulturen Asiens und Europas bis heute prägt.

Name und Erforschung

Der Name Seidenstraße ist neueren Ursprungs und stammt nicht aus der eigentlichen Seidenstraßenzeit. Er wurde vom deutschen Geografen und Ostasienforscher Ferdinand von Richthofen im Jahr 1877 zum ersten Mal genutzt. Mit Richthofen beginnt auch die Reihe der großen europäischen Erforscher Zentralasiens (besonders des chinesischen Westens, der heutigen Provinz Xinjiang (veraltet Sinkiang, übersetzt »die neuen Grenzgebiete [im Westen]):

- *Ferdinand von Richthofen* (1833–1905) war Geograph und Kartograph. Von 1860–1872 bereiste und erforschte er Ostasien, vor allem die unterschiedlichsten Provinzen in China; bis in das Gebiet des heutigen Xinjiang konnte er allerdings nicht vordringen. Den Namen Seidenstraße prägte er im Anschluss der Reise, als er eine Professur in Bonn übernahm. Später lehrte er in Leipzig und Berlin, wo u.a. Sven Hedin sein Schüler wurde.
- *Albert Grünwedel* (1856–1935) war Indologe, Tibetologe und Archäologe sowie Kunstgeschichtler und forschte als stellvertretender Direktor des Völkerkundemuseums in Berlin vor allem über buddhistische Kunst in Zentralasien. Er initiierte die deutschen Turfan-Expeditionen, zwei davon leitete er persönlich (1. Expedition 1902–1903, 3. Expedition 1905–1907; die 2. Expedition 1904–1905 und die 4. Expedition 1913–1914 wurde von Le Coq geleitet). Wie andere Forscher nach ihm brachte Grünwedel eine Fülle von Fundstücken und auch Teile von an Höhlenwänden angebrachten Fresken nach Deutschland, sodass sein Wirken in China heute als »Raubgrabung« bezeichnet wird. In Deutschland genoss Grünwedel allerdings durch seine den Expeditionen folgenden Publikationen hohes Ansehen.
- *August Albert von Le Coq* (1860–1930) war als Archäologe Assistent von Albert Grünwedel in Berlin. Er leitete zwei der Turfan-Expeditionen und brachte dabei mehr Artefakte nach Europa als sein Vorgesetzter. Vor allem wird ihm heute das Zersägen der Fresken (etwa von Bezeklik, vgl. Seite 74f.) vorgeworfen, aus denen er die schönsten Stücke mit den Gesichtern der Figuren herausschnitt. Einige davon sind heute im Berliner Völkerkundemuseum zu sehen, andere wurde im Zweiten Weltkrieg zerstört.

- *Marc Aurel Stein* (1862–1943), ein ungarischer Jude, war Archäologe und Indologe, der nach seinem Studium in London am British Museum arbeitete. Von Indien aus führte er in den Jahren 1900–1930 vier Expeditionen nach Zentralasien an, besonders in das Gebiet Xinjiangs. Für den zentralasiatischen Bereichen prägte er den Begriff *Serindia* (von Seres [= China] und Indien). Er entdeckte und erforschte vor allem die Vielzahl der buddhistischen Schriften in den Grotten von Mogao (vgl. Seite 66f.), die vor allem in den alten Turksprachen aufgezeichnet waren.
- *Sven Hedin* (1865–1952) ist der bekannteste der europäischen Forscher in diesem Gebiet. Nach Reisen nach Persien erforschte der schwedische Geograph auf mehreren groß angelegten Expeditionsreisen vor allem das Gebiet des Tarimbeckens mit der Wüste Taklamakan (insbesondere den wandernden See Lop Nor) und das von ihm Transhimalaya genannte Gebiet nördlich der Hauptkette des Himalaya mit den Quellgebieten des Indus und des Brahmaputra. Seine Forschungsergebnisse halfen China beim Bau von Straßen und Eisenbahnlinien. Seine Bücher »Durch Asiens Wüsten« und »Transhimalaya« werden auch heute noch gelesen.

Ferdinand von Richthofen

Marc Aurel Stein

Sven Hedin

Geografie der Seidenstraße

Asien ist mit 44,6 Millionen km^2 und ca. 35 % der Landmasse der größte Kontinent der Erde. In Asien leben mit ca. 4,2 Milliarden Einwohner etwa 60 % der Weltbevölkerung. Dabei sind in Asien viele globale Superlative zu finden:

- die beiden bevölkerungsreichsten Länder: China (1,37 Milliarden) und Indien (1,26 Milliarden);
- der größte Anteil am flächenmäßig größten Land: Russland (im sibirischen Teil 13,123 Millionen km^2);
- die höchste Gebirgskette: Himalaya und darin alle Berge der Erde über 8000 Meter Gipfelhöhe;
- die tiefstgelegenen Stellen der Erde: das Tote Meer (–420 m unter NN), der See Gennesaret (–220 m), die Turpan-(Turfan-)Senke (–154 m).

Asien ist zudem der Erdteil mit der verschiedenartigsten Vegetation – es gibt dort im Norden den Permafrostboden Sibiriens, im Süden den Dschungel Südostasiens. Die extremen Vegetationszonen Wüste und Regenwald sind in Asien ebenso vertreten wie alle anderen auf der Erde anzutreffenden Zonen: von der Tundra bis zum Schwemmland der großen Flüsse, von der Grassteppe bis zu den vergletscherten Hochgebirgen.

Pamirgebirge

Für die Routen der Seidenstraßen sind geografisch und klimatisch die enormen natürlichen Barrieren bedeutsam – deshalb konnte der gesamte Weg über diese Handelsroute (etwa von der Familie Polo, vgl. Seite 44f.) nur über meist zweijährige Reisen zurückgelegt werden. Es gibt als Hindernisse:

- Bergketten: Tian-Shan, Kunlun-Shan, Pamir, Hindukusch, Karakorum, Zagros, Kaukasus mit Gipfeln oft über 7000 m (etwa K 2 8611 m, Nanga Parbat 8125 m, Kongur-Shan 7719 m);
- Pässe: über Pamir und Hindukusch müssen höhe Pässe in menschenfeindlichem Gelände überwunden werden, der höchste Pass der Seidenstraße ist allerdings der Khunjerab-Pass (heute Grenze zwischen China und Pakistan) mit 4730 m;
- Wüsten und Steppen: Gobi und Taklamakan (China), Karakum und Kyzylkum (= »schwarzer und roter Sand«, Usbekistan), das gesamte Gebiet Turkmenistans, Kavir und Lot (Iran), die Wüste im Westen des Irak und im Osten Syriens.

Auf den Wegstrecken gibt es extreme Klimaschwankungen: In der Turpan-Senke wird es bis +50°, in der Kizilkum-Wüste und im Hochgebirge im Winter bis –40°. Überschwemmungen der Flüsse (im Frühjahr wegen Schmelzwassers und fehlender Brücken unpassierbar), Bergrutsche, Schneeverwehungen, Lawinen, Sandstürme und vieles mehr machten die Seidenstraßen zu gefährlichen Routen, die nur unter größten Mühen zu bewältigen waren.

Gelber Fluss, Qinghai, China

Wegstrecken der Seidenstraße

Die Karte zeigt – vereinfacht – nur den Weg der Seidenstraße, der am häufigsten genutzt wurde; die vielen Alternativen, also Seidenstra*ßen*, sind hier nicht dargestellt. Anfang und Ende, also je nach Sicht der Landweg innerhalb Zentralchinas und der Seeweg durch das Schwarze Meer und das Mittelmeer werden auf der folgenden Seite erläutert. Ebenfalls ist hier der Seeweg von Bandar Abbas im Iran durch den Persischen Golf und das Rote Meer nicht wiedergegeben.

Der Hauptweg der Seidenstraße lässt sich in folgende Wegstücke einteilen (vgl. auch die Kapiteleinteilung dieses Buches):

- *Der Weg durch China* führte von der Kaiserstadt Xian (oder von Luoyang bzw. in der Mongolenzeit von Beijing aus) an die westliche Grenze des chinesisches Raumes, nach Kashgar. Dabei führte der Weg zuerst durch die fruchtbaren Lössgebiete entlang des Gelben Flusses, die notwendige Überquerung des Flusses selbst war gefährlich und mühsam. Je weiter man nach Westen kam, umso unfruchtbarer wurde das Land. Zuerst gab es noch weites Gras-

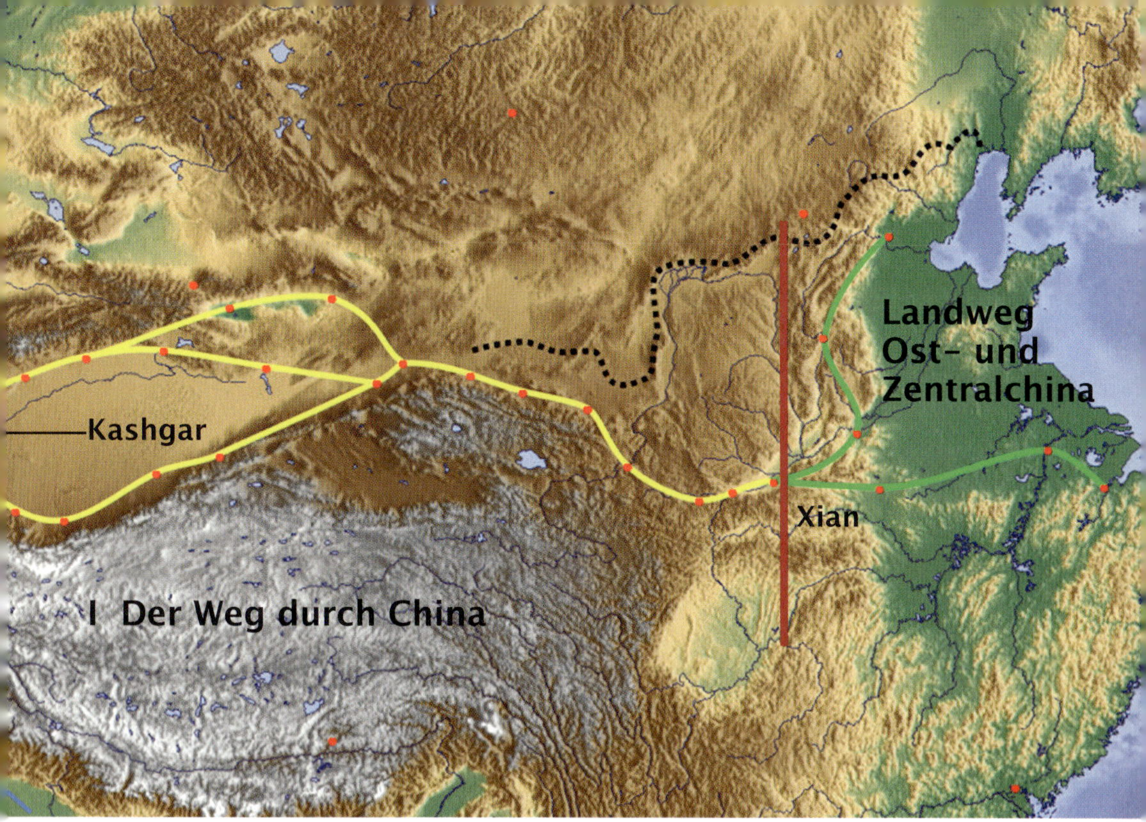

land, dann aber nur noch Steppe und ab Dunhuang die riesige und nur mit größter Mühe zu überwindende oder umrundende Taklamakan-Wüste. Kashgar war Oasen- und Handelsstadt.

- *Der Weg nach Nordindien* führte von Kashgar aus in das »Mittlere Land«, in dem der Buddha gelebt hatte – östlich und nördlich von Varanasi. Dabei waren zuerst die Ausläufer des Pamir zu überwinden, dann der Khunjerab-Pass, der zur äußerst schwierigen Karakorum-Schlucht führte. Im Tiefland war der Weg durch den Punjab und die Yamuna- bzw. Gangesebene dagegen einfach.
- *Der Weg durch Zentralasien* überquerte den Tian-Shan und verlief dann durch die Wüsten von Karakum und Kizilkum und durch die Steppen und Wüsten des heutigen Turkmenistans und des Irans bis in den Westiran.
- *Der Weg durch Vorderasien* erforderte je nach politischer Lage bei der Stadt Qazvin die Entscheidung, den direkten Weg zum Mittelmeer zu gehen: durch den heutigen Irak und durch Syrien bis in den heutigen Libanon. Eine Alternative war der Weg nach Nordwesten: durch den Nordiran in das armenische Gebiet und dann durch das Gebiet des heutigen Georgien bis zum Schwarzen Meer.

Anfang und Ende der Seidenstraße

Westliche Ausgangspunkte der Seidenstraße waren:

- *Rom:* Die mittelitalienische Stadt mit heute ca. 3 Millionen Einwohnern wurde der Legende nach im Jahr 753 v. Chr. gegründet, war zuerst ein kleines Königreich, dann ab dem 5. vorchristlichen Jahrhundert eine Republik. Ab 27 v. Chr. wurde das inzwischen den gesamten Mittelmeerraum umfassende Reich unter Augustus (63 v. Chr. bis 14 n. Chr.) zum Kaiserreich. Die über die Seidenstraße transportierten Waren erreichten Rom über seinen Hafen Ostia oder auf dem Landweg von Brindisi aus. Die Römer hatten nur sehr vage Vorstellungen von einem östlichen Land Serica, in welchem die kostbare Seide auf Büschen wuchs ...
- *Konstantinopel:* Die Stadt wurde bereits 660 v. Chr. von griechischen Siedlern unter dem Namen Byzantion gegründet, 330 n. Chr. machte Kaiser Konstantin I. (270–337 n. Chr.) sie zur Residenzstadt; ab 395 n. Chr. war sie Hauptstadt des östlichen Teils des nun geteilten Römischen Reiches, bis sie 1453 an die Osmanen fiel und seitdem Istanbul heißt.
- *Venedig und Genua:* Im Mittelalter gewannen die beiden Handelsstädte hohe Bedeutung für den gesamten Handel im Mittelmeerraum, damit auch für die Seidenstraße. In Konstantinopel gab es

Ortaköymoschee, Istanbul, Türkei

ein eigenes venezianisches Viertel, in dem wohl auch Mitglieder der Familie Polo lebten.

Östliche Ausgangspunkte der Seidenstraße waren:

- *Xian:* Unter den ersten beiden chinesischen Kaiserdynastien der Qin und Han war Chang'an im Gebiet des heutigen Xian von 221 v. Chr. bis 18 n. Chr. Hauptstadt des Reiches. 582 n. Chr. wurde hier für die Sui-Dynastie eine neue Hauptstadt namens Daxing erbaut; auch die darauf folgenden Tang regierten von hier aus – Xian war bis 907 mit ca. eine Million Einwohner die größte Stadt der Welt. Die Ming erweiterten die Stadt im 14. Jahrhundert.
- *Luoyang:* Die uralte Stadt (Siedlungsreste gehen bis auf das 7. vorchristliche Jahrtausend zurück) war bereits im 8. Jahrhundert v. Chr. die Hauptstadt der Zhou-Dynastie. Später folgten die östlichen Han, die Wei und die Jin und teilweise die Sui. In der Stadt befindet sich der älteste buddhistische Tempel Chinas.
- *Beijing (Peking):* Die Geschichte der Stadt reicht bis ca. 1000 v. Chr. zurück unter den Namen Ji, Janjing, Youzhou und Zhongdu. Der Mongolenherrscher Kubilai Khan ließ im 13. Jahrhundert dort die Hauptstadt Dadu errichten, auch die Ming- und Qing-Herrscher regierten von dort, nun Beijing (nördliche Hauptstadt) genannt.
- *Datong:* Während des 5. Jahrhunderts war die 400 km westlich von Beijing gelegene Stadt Hauptstadt des nordchinesischen Reiches der nördlichen Wei-Dynastie.

Die »neue« Altstadt von der Wildganspagode aus gesehen, Xian, China,

Seide

Die Römer waren der Auffassung, im fernen Land Serica – und nur dort – würde Seide auf in Europa unbekannten Büschen wachsen. Erst im 6. Jahrhundert n. Chr. gelangte genaueres Wissen über die Seidenherstellung nach Europa. Doch die Kenntnis der Seidenproduktion und die Seidenweberei ist in China viel älter.

In China wird ein uralter Mythos erzählt: Der Gott Seidenwurm (Can Cong) hätte im Gebiet der heutigen chinesischen Provinz Sichuan nicht nur Seide hergestellt, sondern das Volk auch über die Seidenraupen, deren Nahrung aus Maulbeerbaumblättern und die Gewinnung von Seide durch das Kochen und Aufspulen der Kokons und das Weben von Seidenstoffen unterrichtet. Seine Botschaft habe der Gott dadurch unterstrichen, dass er tausend (= Vollkommenheitszahl) goldene Seidenraupen geschaffen habe, aus denen goldene Seide gewonnen werden konnte – ein Ziel, dem die menschlichen Seidenraupenzüchter bis auf den heutigen Tag nachstreben. Es gibt im Mythos auch eine weibliche Gottheit, die »Dritte Tante« (San Ku), die über die Seidenraupenzucht wacht und die Menschen dabei unterstützt. Der Gott des Ackerbaus, Shennong, habe die Menschen zudem die Pflege des Maulbeerbaumes gelehrt. Die Seide ist im Mythos also ein göttliches Geschenk.

Mythos hin oder her, die Legenden über die Seide kommen der historischen Wahrheit schon näher und verbinden ihre Entstehung mit den Kaisern der Anfangszeit: Der legendäre Urkaiser Fu Xi, der Urahn des chinesischen Volkes, der etwa um 3000 v. Chr. regiert haben soll, habe als erster die Nutzung der Seidenraupenzucht zur Gewinnung von kostbarstem Stoff erkannt. Eine andere Legende bezieht sich auf den ebenfalls zur Gruppe der fünf chinesischen Urkaiser gehörenden Huang Di (Gelber Kaiser), der etwa um 2600 v. Chr. herrschte. Seine Frau Si Ling (auch Lei Zu – die Donnerahnin) flüchtete vor einer Schlange auf einen Maulbeerbaum und beobachtete dabei, wie sich eine Raupe einen Kokon aus einem wundersam feinen Faden spann. Aus solch einem Faden wollte sie kaiserliches Gewand gesponnen haben und begann deshalb mit der Zucht der Seidenraupen. Beim traditionellen Frühjahrsopfer wurden deshalb auch Maulbeerbaumblätter geopfert.

Archäologisch ist Seide in Gräbern der Yangshao-Kultur (5.–3. Jahrtausend) nachgewiesen. Das älteste Seidengewebe stammt aus der Zeit um 2800 v. Chr. und war ebenfalls eine Grabbeigabe. In der ersten Blütezeit chinesischer Kultur, der Han-Dynastie um die Zeitenwende, war die Seidenproduktion in China voll entwickelt. Seide und Seidenprodukte wurden auch exportiert – über die Seidenstraße bis nach Rom, wo sie ein extrem teures Luxusgut waren.

Die Herstellung von Seide blieb bis ins 6. nachchristliche Jahrhundert ein chinesisches »Betriebsgeheimnis«. Erst dann schmuggelte zuerst eine chinesicher Prinzessin, dann zwei byzantinische Mönche Seidenraupeneier und Maulbeerbaumsamen nach Westen. Die Seidenproduktion entstand außerhalb Chinas zuerst im Ferghanatal (heute Usbekistan) und dann in Bursa im asiatischen Teil des Oströmischen Reiches. Später wurde Seide auch in Sizilien und Kalabrien produziert, der Handel mit nicht mehr nur chinesischer Seide umspannte ganz Europa.

Auch heute ist die Seidenraupenzucht und die Herstellung von Seidenprodukten ein wichtiger Industriezweig in China, der hauptsächlich im Gebiet westlich von Shanghai zu finden ist.

► Seidenraupen und Maulbeerbaumblätter, Suzhou, China
►► Kokons der Seidenraupe, Suzhou, China;
►►► Seidenwebstuhl, Ferghanatal, Usbekistan

Handel

Die Seide war das wichtigste und teuerste Gut auf der Seidenstraße. Seit der Mitte des zweiten Jahrhunderts, als die Wege der Seidenstraße geöffnet wurden, kannte man im Römischen Reich Seide als Luxusprodukt aus dem fernen Serica. »Dort«, so Plinius in seiner Naturgeschichte, »kämmen die Serer die Wolle ihrer Wälder«. Im Westen wuchs die Nachfrage nach Seide rasant; zuerst wurde sie – weil zu kostbar – nur als Verzierung an Gewandborten genutzt, dann auch für ganze Gewänder, die nicht nur Frauen, sondern auch Männer schmückten. Die Mode, vor allem um die Zeitenwende, riss jedoch ein riesiges Loch in die Römische Staatskasse, denn die Seide, die zum Teil auf den Wegen der Seidenstraße, zum Teil auch auf dem Seeweg über indische und dann arabische Häfen transportiert wurde, wurde vor allem mit Edelmetall wie Gold, Silber und Bronze teuer bezahlt.

Bernstein, Nida, Litauen

Deshalb gab es in Rom verschiedentlich Bemühungen, das Tragen von Seide zu verbieten, das als dekadenter Luxus und wegen der Durchsichtigkeit des Stoffes als unzüchtig galt. Doch die Nachfrage nach Seide und damit die Plünderung der römischen Kassen hielt an, bis im 6. Jahrhundert im Oströmischen Reich ebenfalls Seide produziert werden konnte.

Neben den Edelmetallen wurde auch mit kostbaren Schmucksteinen bezahlt, etwa mit Bernstein, dem »goldenen« Stein (altgriechisch *électron* = hellgold, glänzend, strahlend). Bernstein gelangte über die Bernsteinstraße von der Ostsee nach Norditalien. Hier wurden aus dem Material Schmuckstücke, Trinkgefäße und anderes hergestellt – und solche Waren gelangten wiederum über die Seidenstraße nach China, wo Bernstein ebenso unbekannt war wie umgekehrt Seide im Römischen Reich.

Von West nach Ost gelangten über die Seidenstraße auch andere in China nicht vorhandene Waren, etwa Duftmittel, Seifen und Kosmetika (mit Lavendel u.a. als Inhaltsstoff), auch Nahrungsmittel des Mittelmeerraumes (Datteln ...). Felle kamen vor allem über die Bernsteinstraße aus dem osteuropäischen und über die Römerstraßen aus dem germanischen Raum und wurden nach China weiterverkauft. Auch Falken und exotische afrikanische Tiere (u.a. Löwen, die es in China nicht gab) wurden in den Osten gebracht. Auch war der Export von Glas aus dem Römischen Reich wichtig, weil die Glasherstellung in China noch unbekannt war.

Von Ost nach West dagegen transportierte man neben reinen Seidenstoffen auch weiterverarbeitete Stoffe wie Brokat aus Seide und Kammgarn oder Brokat – mit Gold- oder Silberfäden durchwebte Seidenstoffe: alles ungemein teure Luxusgüter im Westen. Hinzu kam Steinzeug und ab dem 7. Jahrhundert Feinkeramik und Porzellan. In China wird Porzellan seit dem Jahr 620 in verschiedenen Produktionsstufen produziert (mehrere Brände, sehr dünn und deshalb fast durchsichtig). In Europa wurde die Porzellanherstellung erst 1708 in Dresden entdeckt, in Meißen entstand die erste europäische Porzellanmanufaktur.

Vase mit Lotosmund, 3. Jh. n. Chr., Shanghai Museum, China

Weitere Güter von Ost nach West waren Gewürze, die China selber aus Südostasien bezog und dann weiterverkaufte. Der Gewürzhandel blieb ein wichtiges Ziel europäischer Handelshäuser, auch nachdem die Seidenstraße im 16. Jahrhundert ihre Bedeutung verloren und der Seeweg sie ersetzt hatte.

Ideen und Erfindungen

Die Seidenstraße war natürlich vorrangig ein Handelsweg, der aber mehrere große kulturelle Räume mit unterschiedlicher Geschichte und Ideenwelt verband. Deshalb verwundert es nicht, dass über dieses Wegenetz nicht nur materielle Güter, sondern auch Erfindungen, neue Technik und schließlich auch religiöse Vorstellungen und Religionen (vgl. Seite 32f.) verbreitet wurden. Dabei war der Kultur- und Techniktransfer vor allem von Ost nach West ausgerichtet; die unterschiedlichen Religionen jedoch gelangten alle von West nach Ost in ihre neuen Gebiete. Die Seidenstraße hat als kulturelle, wissenschaftliche und religiöse Verbindung eine hohe Bedeutung; Kaufleute und Pilger erzählten von dem jeweils anderen Kulturgebiet und regten zur Übernahme fortschrittlicher Techniken an.

Das wird vor allem an vielerlei Erfindungen Chinas sichtbar, die über die Seidenstraße nach Westen gelangten. Seide und kostbare Stoffherstellung (Damast, Brokat) sind bereits genannt worden. Die wohl wichtigste Erfindung aber ist das Papier. Im Westen waren zu römischer Zeit Papyrus (vgl. Seite 198f.), dazu Pergament und Wachstafeln als Schriftträger gebräuchlich. In China dagegen wurde seit der Zeitenwende Papier genutzt. Als sein Erfinder wird Cai Lun (50–121 n. Chr.) genannt, doch gibt es Funde von Papierstücken bereits aus dem zweiten vorchristlichen Jahrhundert. Die Materialien, aus denen Papier mit feinen Sieben geschöpft wurde, waren Hanf, Lumpen und Bast. Papier diente in China als Schreibmaterial, aber seit dem 2. Jahrhundert auch als Taschentuch und seit dem 15. Jahrhundert als Toilettenpapier. Im 7. Jahrhundert wurde vom Tang-Kaiser Gaozong zum ersten Mal Papiergeld ausgegeben; aber erst die Mongolendynastie verwandte ab dem 13. Jahrhundert Papiergeld in hohem Maß. Über Samarkand (ca. 750 n. Chr.) und Bagdad (ca. 870 n. Chr. erster Papiercodex) und Andalusien gelangte Papier im 12. Jahrhundert nach Europa und löste Papyrus und Pergament ab. In Europa wurde die Herstellungstechnik verändert: Papiermühlen zerkleinerten das Grundmaterial, Papierpressen lösten das Schöpfen per Hand und anschließende Trocknen an der Luft ab.

Buchdruck mit Holztafeln gab es in China seit 868 n. Chr.; in Korea wurde die buddhistische Tripitaka Koreana im 13. Jahrhundert

mit 81 258 Druckstöcken hergestellt. Dort gab es spätestens seit dem 12. Jahrhundert bereits die Technik eines Drucks mit beweglichen und wiederverwendbaren Metalllettern – dreihundert Jahre, bevor Johannes Gensfleisch, genannt Gutenberg, um 1451 eine vergleichbare Technik in Europa unabhängig von Asien erfand. Die Technik des Holzblockdrucks allerdings gelangte vorab über die Seidenstraße nach Europa.

Handgeschöpftes und rot gefärbtes Papier, Dorf bei Luang Prabang, Laos

Dies gilt auch für viele andere Erfindungen und Techniken: Kriegstechnik (Schießpulver, Feuerwerk, Bomben, Granaten, feuerspeiende Lanzen [Schusswaffen]), Kompass zur Orientierung auf See, in China auch zur Nutzung durch Geomanten (Feng-Shui), Steuerruder, abgedichtete Schotten im Schiffsbau, Seismograph, Pferdegeschirre und Steigbügel, zweirädrige Schubkarren und vieles andere. Zudem wurden Agrarerzeugnissen getauscht: Nudeln etwa gab es in China bereits vor sechstausend Jahren, in der Antike dürfte die Produktionsweise der Nudeln über die Seidenstraße nach Europa gekommen sein. Die schwäbische Spezialität der Maultaschen (in Italien ähnlich Ravioli und Tortellini) entspricht der älteren Herstellung der chinesischen Jiaozi mit Fleisch- und Gemüsefüllung. Auch das »deutsche« Sauerkraut geht auf China und Korea (Kimchi) zurück.

Die Religionen der Seidenstraße

Asien ist seit dem Altertum der Hotspot von Kultur und Religion: Von den vier Großkulturen der Antike – Ägypten, Mesopotamien, Indus-Region und Zentralchina – liegen vier in Asien, die vierte grenzt daran. Auch heute finden wir die kulturellen Schwerpunkte Asiens in Vorderasien rund um den »Fruchtbaren Halbmond«, im indischen Subkontinent und in Ostasien mit China als Zentrum. Zudem sind alle Weltreligionen in Asien entstanden: im Vorderen Orient Judentum, Christentum und Islam, dazu in neuerer Zeit die Baha'i, im indischen Raum Hinduismus und Buddhismus, dazu Jainismus und Sikhismus, im ostasiatischen Raum Daoismus und Konfuzianismus (sofern man diesen als Religion ansieht), dazu der japanische Shinto und der vietnamesische Caodai.

Verschiedene Religionen sind auf der Seidenstraße von West (Vorderer Orient und Europa) nach Ost (China) »gewandert«. Dies betrifft den Zoroastrismus, den Manichäismus, den Buddhismus, den Islam und das Christentum:

- *Zoroastrismus:* Die altpersische Religion geht auf den Propheten Zoroaster (Zarathustra), dessen Lebenszeit unterschiedlich angegeben wird (1800, 1000, 600 v. Chr.). Der Zoroastrismus verkündet einen Dualismus mit dem guten Gott Ahura Mazda auf der einen und dem bösen Dämon Ahriman auf der anderen Seite, weitere Gottheiten (z.B. Anahita) haben keine besondere Bedeutung. Die Heilige Schrift ist das in altiranischer Sprache geschriebene Buch Avesta. Heute gib es ca. 150 000 Anhänger des Zoroastrismus vor allem im indischen Mumbai und den USA, die sich meist Parsen nennen.
- *Manichäismus:* Der im dritten nachchristlichen Jahrhundert in Persien lebende Mani (216–277) gründete eine synkretistische Religion mit christlichen, zoroastristischen und buddhischen Gedanken. Auch hier gibt es einen Dualismus zwischen dem Reich des Lichtes mit dem Gott Lichtvater und dem Reich der Dunkelheit mit dem bösen Teufel. Die Lehre verbreitete sich zum einen im Mittelmeerraum, wo sie im 7. Jahrhundert durch den Islam unterging, wie auch nach Osten, wo besonders im Gebiet der Turfansenke, aber auch in Zentralchina, manichäische Gemeinden bis ins 13. Jahrhundert existierten.

Mausoleum Abakh Hoja, Kashgar, China

- *Buddhismus:* Von Nordindien und besonders von der buddistischen Universitätsstadt Taxila (vgl. Seite 96f.) aus verbreitete sich der Buddhismus über die Stationen der Seidenstraße bis nach China (vgl. dazu das Kapitel »Der Weg nach Nordindien« ab Seite 80).
- *Islam:* Bereits unter den vier rechtgeleiteten Kalifen, die Mohammed im 7. Jahrhundert folgten, breitete sich der Islam im Vorderen Orient und Zentralasien aus: 634 Palästina, 636 Syrien und Irak, 642 Persien, 651 Baktrien und Choresmien (Turkmenistan, Usbekistan). Über Kirgistan und rund um die Taklamakan wanderten muslimische Kaufleute bis in das chinesische Zentralgebiet. Die Volksgruppe der muslimischen Hui geht darauf zurück.
- *Christentum:* Die ersten Christen, die über die Seidenstraße nach China kamen waren die (fälschlicherweise nach dem Patriarchen Nestorius benannten) nestorianischen Christen – eine Stele in Xian aus dem Jahr 781 berichtet darüber. Die teils großen nestorianischen Gemeinden Zentralasiens wurden im 14. Jahrhundert durch den muslimischen Herrscher Timur Lenk aus Samarkand zerstört. Ab dem 13. Jahrhundert wurden Franziskaner, also katholische Christen, an den Hof der Mongolenherrscher (Karakorum und Khanbalik [Beijing]) geschickt, doch ihre Mission war nicht erfolgreich.

Völker und Sprachen

Ein 10 000 km langer Handelsweg quer durch Asien von China bis Europa berührt eine Vielzahl unterschiedlicher Völker und Kulturen. Wer heute die Route der Seidenstraße bereist, erlebt Menschen mit vielen Sprachen, unterschiedlicher Herkunft und mit vielerlei kultureller und religiöser Besonderheit. Die Buntheit und Vielgestaltigkeit der Welt wird am Weg der Seidenstraße nach wie vor deutlich.

Das war bereits in der Antike so, als die Seidenstraße von West nach Ost geprägt war vom Römischen Reich als westlichem Ausgangspunkt. Dessen östlicher Gegner vom Zweistromland bis Iran und Turkmenistan waren zunächst die Parther, später die persischen Sassaniden. Es folgten weiter östlich das Reich Baktrien, das Gebiet Sogdien und Choresmien. Im Gebiet der heutigen chinesischen Region Xinjiang und weiter nördlich im Altaigebirge gab es in unterschiedlichen Konstellationen die Saken, Yuezhi, Xiongnu und andere Volksgruppen; von Süden erreichten tibetische Stämme dieses Gebiet. Den östlichen Abschluss der antiken Seidenstraße bildete das chinesische Reich, das allerdings oft gespalten und von außerchinesischen Herrschern regiert wurde (etwa im Nordteil durch die tungusische Jin-Dynastie von 1125–1234).

In der chinesischen Blütezeit der Tang-Dynastie (618–907) veränderte sich das Bild. Nun standen dem Oströmischen Reich im Westen die großen muslimischen Reiche der Omayyaden und Abbasiden

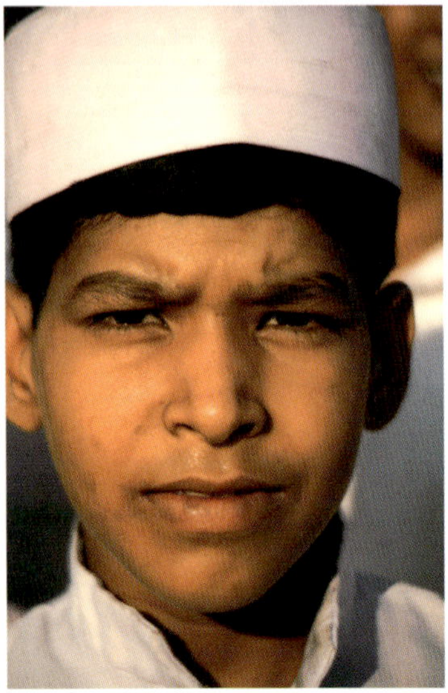

► Muslim, China
►► tibetische Pilgerin im Kloster Labrang, China
►►► Student an einer Medrese in Kokand, Ferghanatal, Usbekistan

gegenüber, deren Herrschaft zunehmend vom Mittelmeer bis Zentralasien ausgedehnt wurde. Neue Kräfte weiter im Osten waren die Turkvölker, die vom Altaigebirge aus weiter nach Westen drängten. China selbst dehnte seinen Einfluss auf das Tarimbecken (die heutige Provinz Xinjiang) aus.

Von etwa 1200 bis 1350 waren die Mongolen die beherrschende Macht. Obwohl auch ihr Reich in verschiedene Khanate aufgeteilt wurde, beherrschte dieses nomadische Volk ein Gebiet von 19 Millionen km^2, größer als das heutige Russland. Nur ganz im Westen konnten sich die muslimische Araber und die Turkvölker der Seldschuken und Osmanen halten.

Entsprechend der Völkervielfalt zeigt sich die sprachliche Situation. Bereits das Chinesische kennt zwar eine einheitliche Schrift, aber verschiedene Sprachen (neben dem offiziellen Mandarin auch Wu, Kantonesisch, Hakka, Min, Jin, Xiang und Kan). Südlich der Seidenstraßenroute gibt es die Familie der Sino-tibetischen Sprachen. Es schließen sich zum einen die unterschiedlichen Turksprachen an (Kasachisch, Kirgisisch, Turkmenisch, Aseri [im Gebiet Aserbeidschans], Türkisch), zum anderen die iranischen Sprachen (Farsi, Pashtu, Kurdisch, Ossetisch, Tadschikisch). Das vergleichsweise kleine Gebiet des Kaukasus kennt neben Armenisch und Georgisch und der Turksprache Aseri weitere 40 verschiedene Sprachen. Vom Irak bis zum Mittelmeer werden dagegen sich kaum unterscheidende Dialekte des Arabischen gesprochen. Kurzum – das Gebiet der Seidenstraße ist ein babylonisches Sprachengewirr.

▶ kurdisches Mädchen, Achmanabad, Iran
▶▶ Mullah in Ghom, Iran
▶▶▶ junge Frau in Hama, Syrien

Die Reiche der Seidenstraße: Antike – 200 v. – 200 n. Chr.

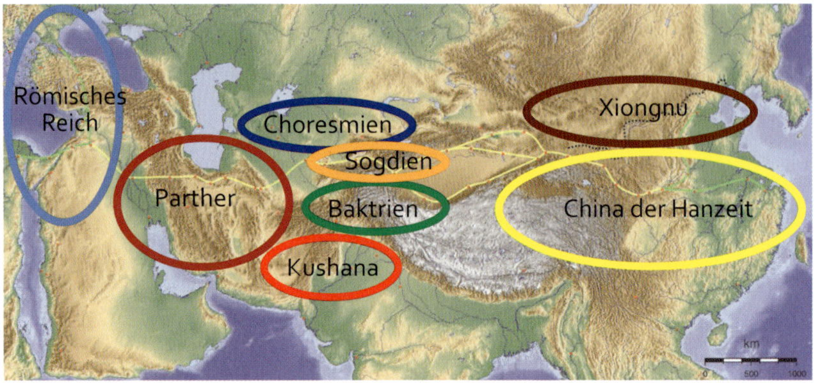

Geschichte der Seidenstraße: die Antike

Die Seidenstraße kennt in ihrer 1700-jährigen Geschichte vom zweiten vorchristlichen bis zum 15. nachchristlichen Jahrhundert drei große Blütezeiten: die vier Jahrhunderte rund um die Zeitenwende, die Periode der Tang-Dynastie, die einen Höhepunkt chinesischer Kultur darstellte, und die Mongolenzeit, zu der Ost-, Zentral- und Vorderasien in einem riesigen Reich geeint waren und dadurch der Handel und kulturelle Austausch in hohem Maß gefördert wurde. Diese drei Perioden sollen in kurzer (und deshalb vereinfachter) Weise dargestellt werden.

Die *Antike* kennt am Beginn und am Ende der Seidenstraße eine vergleichbare politische Situation: Im Westen war das *Römische Reich* hauptsächlich im Gebiet des heutigen Syriens in einen Dauerstreit gegen die nach Westen drängenden *Parther* verwickelt – der Handel auf dieser Seite der Seidenstraße wurde dadurch erschwert und verteuert. Im Osten gab es ein vergleichbares Problem: Die *Chinesen* mussten sich beständig gegen die von Norden einfallenden Nomadenvölker, besonders gegen die *Xiongnu*, wehren. Die Große Chinesische Mauer, die verglichen mit der in der Ming-Dynastie gebauten Mauer relativ klein war, sollte einen Schutz bieten, doch das war eher eine Illusion. Die Mauer bis hin zu ihrem westlichen Ende in Jiayuguan (vgl. S. 60f.) kanalisierte zwar den Strom der Handelsreisenden und ermöglichte Zölle auf Waren, die über die Grenze transportiert wurden, einen wirklichen Schutz gegen militärische Invasion war sie jedoch nie.

Tonkriegerarmee des ersten chinesischen Kaisers Qin Shih Huangdi, bei Xian, China

Östlich des Reiches der *Parther* (ein aus Südrussland stammender indogermanischer Nomadenstamm, mit den Skythen verwandt; das Reich bestand in der Zeit von 247 v. Chr. bis 227 n. Chr.) gab es um die Zeitenwende die Nachfolgestaaten Alexander des Großen: Am Mittelmeer waren dies die Reiche der Ptolomäer in Ägypten und der Seleukiden in Asien, die beide durch die Römer abgelöst wurden. In Zentralasien gab es die drei Reiche *Baktrien* (Hauptstadt Balch im heutigen Afghanistan, 250 v. Chr. bis ca. 200 n. Chr.), *Sogdien* (Kernland des heutigen Usbekistan, Hauptstadt Afrasiab = Marakanda = Samarkand, ein Verbund kleiner Stadtstaaten bis zum 6. Jahrhundert, dann Ablösung durch die Kök-Türken) und *Choresmien* (südlich des Aralsees mit Kohne Urgentsch [Köhneürgenç] und Chiwa als Hauptorte bis zur Eroberung durch die Araber im Jahr 712). Der ganze Mittelteil der Seidenstraße war in der Antike ein Völkergemisch, dazu kamen Nomadenvölker aus dem Nordosten, die nach Westen zogen.

Der *indische* Zweig der Seidenstraße war in der Antike wichtig, weil über ihn zum einen die ersten buddhistischen Mönche nach China kamen. Umgekehrt gingen chinesische Mönche diesen Weg, um in den buddhistischen Hochschulen Taxila und Nalanda buddhistische Schriften zu studieren und diese nach China zu bringen. Die Mönche Faxian (5. Jahrhundert) und Xuanzang (7. Jahrhundert) sind dabei die herausragensten Persönlichkeiten.

Die Reiche der Seidenstraße: Blütezeit – 700 – 900 n. Chr.

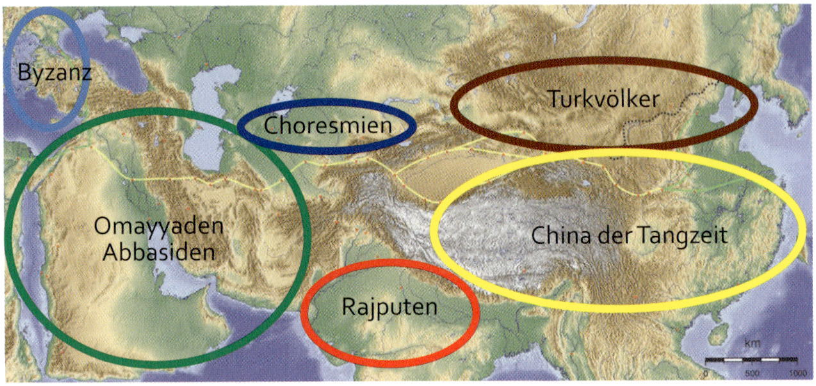

Geschichte der Seidenstraße: die Blütezeit

Gegenüber der Antike zeigt die Seidenstraße in ihrer zweiten Blütezeit vom 7.–9. Jahrhundert ein völlig verändertes Bild. Das liegt vor allem an zwei großen Umbrüchen – dem Aufstieg des muslimischen Reiches im Westen und dem der chinesischen Tang-Dynastie im Osten.

Die Tang-Dynastie (618–907 n. Chr) wird als einer der Höhepunkte chinesischer Geschichte verstanden, vergleichbar der Bedeutung der Han-Dynastie (206 v. Chr. – 220 n. Chr.) und der Ming-Dynastie (1368–1644). Die Herrscher der Tang dehnten das Reich sowohl nach Süden als auch nach Westen bis zur Wüste Taklamakan aus. So entstand ein Reich, das in etwa dem heutigen China (mit Ausnahme von Tibet) entspricht. Der Einfluss der Chinesen ging aber noch weiter: nach Norden in das Gebiet der heutigen Mongolei und teilweise auch des russischen Sibirien, nach Westen bis in das Gebiet des heutigen Kirgistan und Kasachstan. Dort fand die Expansion am Talasfluss im Jahr 751 ein Ende, als das chinesische Heer vom muslimischen Heer der Abbasiden besiegt wurde. Die Tang-Zeit war für China eine wirtschaftliche und kulturelle Blütezeit. Ein Fülle von Erfindungen brachte die technologische Führung in der Welt. Den Bauern wurden Landparzellen gegeben, Leibeigenschaft wurde verboten. Die aus dem Westen nach China kommenden Religionen, Manichäismus, Islam und vor allem Buddhismus, hatten unter den Tang große Freiheit – dies änderte sich erst unter Kaiser Wuzong am Ende der Dynastie, der »ausländische« Religionen verbieten ließ.

Nachgestelltes kaiserliches Zeremoniell, Dai-Tempel, Taian, China

Im Westen war das nunmehr Oströmische Reich unter dem Ansturm des Islam erheblich geschrumpft, Konstantinopel trennte sich zunehmend von Rom; der Westen mit den fränkischen Herrschern und Rom als kirchlichem Zentrum ging künftig eigene Wege. Der Zusammenbruch des alten großen römischen Reiches war nicht nur durch die Völkerverschiebung (Völkerwanderung, Aufstieg der Franken und Germanen) bedingt, sondern vor allem durch das rasante Wachstum eines viele Gebiete im Vorderen Orient und in Nordafrika umfassenden arabischen Reiches. Während der Prophet Mohammed (570–632) die Einigung der arabischen Stämme und die Ausbreitung des Islams auf der arabischen Halbinsel erreichen konnte, eroberten seine Nachfolger, die vier rechtgeleiteten Kalifen Abu Bakr (Herrschaft 632–634), Omar (634–644), Othman (644–656) und Ali (656–661) den ganzen Vorderen Orient, weite Teile Zentralasiens, dazu Ägypten und Nordafrika bis nach Spanien hin. Die Folgereiche der Omayyaden von Damaskus (661–750) und Abbasiden von Bagdad (750 bis zur Eroberung durch die Mongolen im 13. Jahrhundert) umfassten ein riesiges Gebiet und bestimmten den Handel auf der Seidenstraße im gesamten westlichen und mittleren Teil.

Der indische Zweig der Seidenstraße spielte in dieser Zeit nahezu keine Rolle mehr. In Indien hatte ein reformierter Hinduismus den herrschenden Buddhismus zurückgedrängt; beherrscht wurde Nordindien von Rajputen, Königen über jeweils kleine Gebiete.

Die Reiche der Seidenstraße: Mongolenzeit – 1200 – 1400 n. Chr.

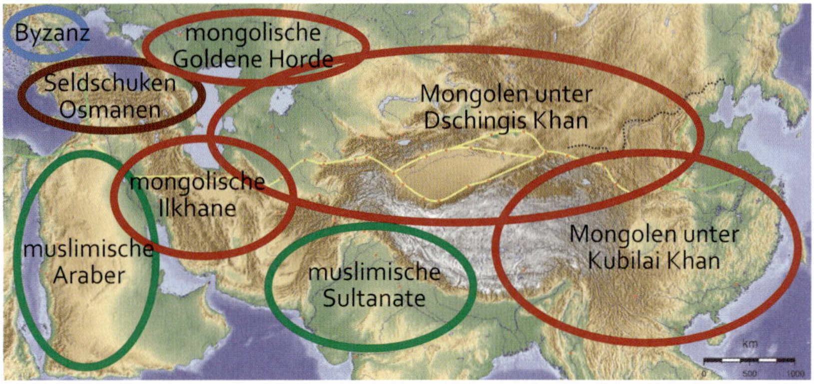

Geschichte der Seidenstraße: die Mongolenzeit

Die letzten Jahrhunderte der Seidenstraße waren geprägt von einer Blütezeit ganz besonderer Prägung: Das Mongolenreich unter Dschingis Khan, dann auch in seiner Aufteilung in vier weithin voneinander unabhängige Khanate (Ursprungsgebiet, China, Vorderer Orient, Südrussland), brachte erhebliche Verbesserungen der Wegstrecken und der Sicherheit auf dem Wegenetz der Seidenstraße mit sich. Auch fielen vielerlei Zölle weg, sodass der Handel von Ost und West bessere Bedingungen in jeder Hinsicht erhielt. Diese veränderte »Großwetterlage« der Seidenstraße führte zu dem, was man als *Pax Mongolica* bezeichnet, eine sichere und friedliche Zone mit einheitlichem Recht, einem schnellen und geschützten Kommunikations- und Wegessystem und erheblichen Vorteilen für die Handelsreisenden. Es gibt den Spruch, dass »sich im Gebiet der Mongolen eine Jungfrau mit einem Topf voll Gold von China aus nach Europa begeben kann, ohne dass ihr etwas zustößt«. Das ist wohl übertrieben, aber die beiden Reisen der venetianischen Polos (vgl. Seite 42f.) etwa wären ohne dieses einheitliche Reich kaum möglich gewesen. Die Erschwernisse durch die geografischen und klimatischen Bedingungen auf den Wegen der Seidenstraße allerdings blieben – es war und blieb ein langer und gefährlicher Weg.

Gegenüber der vorangegangenen Zeit und der Blütezeit der Tang in China ergaben sich in den letzten Jahrhunderten, in denen die Seidenstraße aktiv war (12. – 15. Jahrhundert), einige Veränderungen: Byzanz wird immer mehr zurückgedrängt und geht 1453 mit der

Mongolische Jurte, Kirgistan Museum am Yssykkölsee, Kirgistan

Eroberung Konstantinopels durch den osmanischen Herrscher Mehmed II. ganz unter. Die Araber werden durch den Ansturm der mongolischen Heere auf die arabische Halbinsel und Nordafrika zurückgedrängt, das Reich der Abbasiden zerfällt, das 762 von den Abbasiden gegründete Bagdad wird 1258 vom Mongolenherrscher Hülegü erobert, seine Bewohner massakriert (»sie bauten eine Pyramide von Totenschädeln«).

Das Mongolische Reich geht auf Dschingis Khan (ca. 1165–1227) zurück, der 1207 die mongolischen Stämme und Clans einte und mit dem neu geschaffenen Reiterheer in hohem Tempo weite Teile Asiens eroberte (1218 Choresmien, 1220 Samarkand und Buchara). Nach seinem Tod wird das Reich in vier Teilreiche gegliedert, die in der Folge teilweise verbunden waren, sich aber auch bekämpften: Die »Weiße Horde« (unter Ogodai als Großkhan aller Mongolen) umfasste das Kerngebiet der Mongolen mit der Hauptstadt Karakorum. In China entsteht vor allem unter Dschingis Khans Enkel Kubilai Khan die Yuan-Dynastie (1279–1368). In Zentralasien, Persien und Mesopotamien sind die Ilkhane unter zuerst Hülegü – sie werden ab 1365 durch die Timuriden von Samarkand mit ihrem Anführer Timur Lenk (1336–1405) abgelöst. Im Gebiet Südrusslands entsteht unter Batu Khan die »Goldene Horde«, die im Kaukasus mit den Ilkhanen um die Vorherrschaft kämpft. Alles in allem – das mongolische Reich war das größte Reich aller Zeiten.

Niccolò, Maffeo und Marco Polo

Seit dem vierten Kreuzzug (1204) hatten die Fernhandelskaufleute der Stadt Venedig einen Vorsprung vor anderen Städten des Mittelmeerraums (etwa Genua). Nach der Eroberung Konstantinopels durch die Kreuzfahrer konnte Venedig dort ein eigenes Viertel besiedeln – dies wurde eine wichtige Zwischenstation auf den Handelswegen nach Osten. Die nächste Station war die Stadt Soldaia (Sudak) auf der Krim, die eine Art venezianischer Kolonie wurde.

Auch die venezianische Kaufmannsfamilie Polo hatte an beiden Orten eine Niederlassung. Vom Schwarzen Meer aus war der Weg nach Osten quer durch das Mongolenreich offen. Deshalb verwundert es nicht, dass die Brüder Niccolò und Maffeo Polo sich auf den langen Weg zum Hof des Großkhans machten, um ihren Handel zu fördern. Sie folgten damit dem Weg von drei christlichen Missionaren, die vor ihnen bis zum Hof des mongolischen Großkhan im Altai-Gebirge gelangt waren: Johannes de Plano Carpini (Franziskaner, 1185–1252, Reise von 1245–1247), André von Longjumeau (Dominikaner, † 1253, Reise von 1249–1251), Wilhelm von Rubruk (Franziskaner, 1215–1270, Reise von 1253–1255).

Niccolò und Matteo Polo brachen 1260 nach Osten auf, brauchten aber sechs Jahre, bis sie zum Hof des Großkhans Kubilai in Khanbaliq (Beijing) kamen. Erst 1269 erreichten sie wieder Venedig.

Schon zwei Jahre später brachen sie erneut auf und nahmen den 17-jährigen Marco (1254–1324) mit, Sohn des Niccolò. Die drei Rei-

Die Reise von Marco Polo

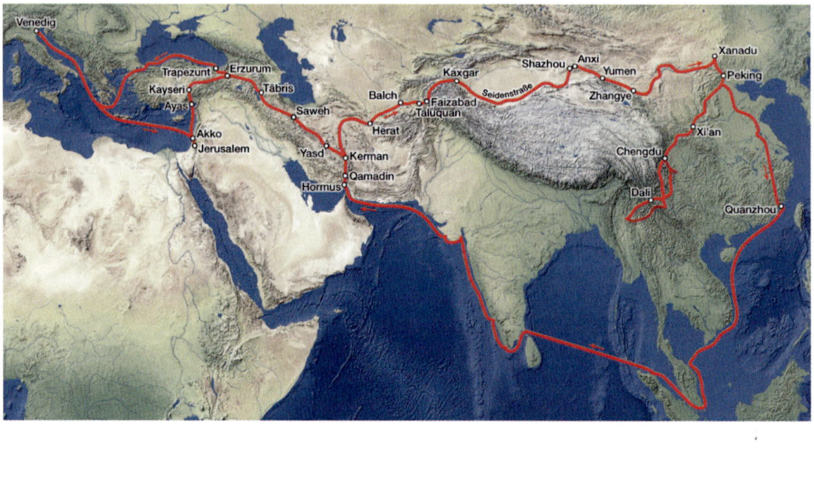

senden kamen 1275 im Sommerlager des Kubilai Khan, Shangdu, an. Dieser nahm den jungen Marco in seine Dienste und sandte ihn als kaiserlichen Präfekt mehrere Jahre durch chinesische Provinzen. Der Rückweg der drei Polos erfolgte erst 1291–1295 auf dem Seeweg.

Nach der Rückkehr diktierte Marco Polo – in genuesischer Gefangenschaft einem Mitgefangenen, Rustichello da Pisa, einen Bericht über seine Reise. Daraus wurde das berühmte Werk »Das Buch von den Wundern der Welt« (auch »Il Milione«), ein Buch, das Christoph Kolumbus zu seiner Entdeckungsreise anregte.

▶ Die Polos verlassen Venedig
▶▶ Die Polos erreichen Buchara
▶▶▶ Die Polos vor Kubilai Khan, französische Handschriften aus dem 15. Jahrhundert: 1 und 3 unbekannt 2 Maître de la Mazarine

Die neue Seidenstraße

Nach den wirtschaftlichen Reformen von Deng Xiaoping (1904–1997) wurde China zur beherrschenden Wirtschaftsmacht Asiens. Es steht weltweit auf dem zweiten Platz und wird voraussichtlich bald die USA überholen. Damit ist allerdings vom (vor Indien noch) bevölkerungsreichsten Land der Erde nur die Stellung zurückgewonnen, die das Reich der Mitte in der Zeit der alten Seidenstraße lange hatte, die aber durch die Abkapselung Chinas am Beginn der europäischen Neuzeit und durch die industrielle Revolution in Europa verloren ging. Das heutige China hat verständlicherweise ein vorrangiges Interesse daran, dass Handel und wirtschaftliche Beziehungen gesichert werden und weiter wachsen – damit aber auch sein politischer Einfluss nicht nur in Asien, sondern global.

In diesem Zusammenhang steht das Projekt »Die neue Seidenstraße« (Silk Road Projekt), das von China vor allem in Zentralasien verfolgt wird. 1996 wurde die Shanghai-Five-Gruppe gegründet, der China, Russland, Kasachstan, Kirgistan und Tadschikistan angehörten. Daraus ging 2001 die Shanghaier Organisation für Zusammenarbeit hervor, der zusätzlich zu den genannten fünf Ländern der Shanghai-Gruppe Usbekistan, Indien und Pakistan beitraten. 2011 wurde von 30 asiatischen Staaten die Initiative »Neue Seidenstraße« gegründet, die wie in historischen Zeiten Handelswege zwischen Ost und West fördern soll. Durch den chinesischen Staatspräsidenten Xi Jinping und Premier Li Keqiang wurde das Projekt unter dem Namen »One Belt, one Road« (»Eine Verbindung [oder Gebiet], eine Straße«) propagiert und gefördert.

Die neue Seidenstraße – Eisenbahnverbindungen in Planung

»One Belt, one Road« soll zum einen ein modernes Straßen- und Schienenetz zwischen Ost und West, zwischen China und Europa aufbauen, zum anderen aber auch ein zwei Kontinente umfassendes Staatennetz unter der Führung von China zusammenschließen. Es geht um Handel, aber – wie in den alten Zeiten der Seidenstraße – auch um Einfluss, Werte, Gedankenwelt und anderes mehr.

Was als mutige Idee erscheint, wird inzwischen systematisch von China ausgebaut. Das Land will so in der Zukunft die Führung im euroasiatischen Raum übernehmen und durch die neue Seidenstraße die entsprechenden Möglichkeiten dazu schaffen. Innerhalb Chinas ist in den letzten Jahren ein Hochgeschwindigkeits-Schienensystem gebaut worden, durch das die Entfernung Beijing – Shanghai (ca. 1200 km) von vierzehn auf vier Stunden reduziert wurde. Dieses Hochgeschwindigkeits-Bahnsystem bietet China inzwischen weltweit an und hat europäische und amerikanische Firmen auf dem Markt zurückgedrängt. So wurde nur wenige Tage nach Ende des iranischen Embargos in Teheran ein Vertrag mit China über den Bau einer solchen Schnellbahn zwischen Mashhad und Teheran unterzeichnet. Ähnliche Verträge gibt es mit Thailand (Weg nach Singapore) und für Nordindien.

Wie die transasiatische Eisenbahn vom Iran aus bis Europa weitergeführt wird, ist noch unklar und hängt von der politischen Entwicklung ab. Eine andere Idee ist der Bau einer Schnellbahn mit europäisch-chinesischer (nicht russischer) Spurbreite parallel zur bestehenden Transsib-Eisenbahn. Für ca. 2025 möchte China eine Zugverbindung geschaffen haben, die Europa und China in 48 Stunden verbindet – die neue Seidenstraße nicht mehr auf dem Kamel, sondern im Schnellzug.

Marco-Polo-Brücke im Westen von Beijing

Der Weg durch China

Das erste, etwa 3700 km lange Teilstück der Seidenstraße von Ost nach West führt ausschließlich durch China mit seinen verschiedenen Provinzen und Autonomen Regionen (Linxia und Xinjiang). Dabei werden sehr unterschiedliche Landschaftsformen durchquert; teilweise waren die alten Wege durch Steppen und Wüsten und die Querung des Gelben Flusses früher nicht nur beschwerlich, sondern auch gefährlich. Heute führen asphaltierte Straßen durch das Land, es gibt ausreichend Brücken, nur zu wenigen Orten (etwa Bing Ling Si) gelangt man nach wie vor auf recht abenteuerliche Weise.

Der Ausgangspunkt der Seidenstraße, gleich ob man von den Kaiserstädten Xian, Luoyang, Datong oder (später) Beijing ausgeht, liegt in der fruchtbaren chinesischen Tiefebene bzw. im daran angrenzenden und noch niedrigen Bergland (Xian liegt auf ca. 400 m Höhe). Von hier geht der Weg durch die schmal gestreckte und ca. 1000 km lange Passage des Hexi-Korridors in der Provinz Gansu, meist am nordwestlichen Ufer des Gelben Flusses (Huang He). Im Süden wird dieser Korridor durch die Berge des Qilian-Gebirges begrenzt, im Norden durch kleinere Gebirgszüge und die Wüste Gobi. Der Gelbe Fluss muss in der Nähe von Lanzhou überquert werden. Weiter westlich schließt sich das weite Grasland der Provinz Qinghai an, in dem die bedeutenden buddhistischen Klöster Labrang und Kumbum liegen. Bei Jiayuguan ist das Ende des chinesischen Kernlandes und auch das Ende der Großen Chinesischen Mauer erreicht. Weiter nach Westen folgt hinter Dunhuang zuerst ein südwestlicher Ausläufer der Wüste Gobi und dann die riesige Sandwüste Taklamakan, die die größte Bedrohung für die Karawanen der Seidenstraße darstellte, denn trotz der Oasenstädte im Süden und im Norden waren die Wege zwischen den Stationen weit und gefährdet. Mit Kashgar am westlichen Ende der Taklamakan und auch am westlichen Ende von China wird ein Knotenpunkt erreicht. Von hier aus führt die Route nach Nordindien über den Karakorumpass Khunjerab. Die Hauptroute der Seidenstraße allerdings ging von Kashgar über den Irkeshdam- oder Torugat-Pass nach Kirgistan und weiter nach Westen – Richtung Europa. Bereits der chinesische Teil der Seidenstraße ist ein Weg voller geografischer und kultureller Höhepunkte.

Reiter im Grasland von Qinghai (»Grünes Meer«), China

Xian – die Kaiserstadt

Das Gebiet der Stadt Xian und ihre Umgebung sind gleichsam die Wiege der chinesischen Kultur. Heute ist die Stadt mit ca. 4 Millionen Einwohnern (in der Region ca. 8 Millionen) eine mittlere chinesische Stadt, die vor allem wegen der sich in der Nähe befindlichen Tonkriegerarmee viele Touristen anzieht. Auch in der Stadt selbst gibt es eine Reihe von Attraktionen.

Xian liegt in der Nähe des Flusses Wei, dessen Schwemmland bereits im Neolithikum für Hirse- und Reisanbau genutzt wurde. So wurde das Gebiet auch im Zuge der Staatenbildung zur politischen Mitte Chinas: Von 1030–771 v. Chr. regierte die Westliche Zhou-Dynastie von hier aus. Hohe Bedeutung erhielt die Region, als der erste chinesische Kaiser Qin Shih Huangdi etwa 40 km nordöstlich des heutigen Xian den Platz für seinen Grabhügel auswählte und im Umfeld die sogenannte »Tonkriegerarmee« zur Bewachung des Toten in die Erde stellen ließ. Bis heute wurden dort ca. 8000 Figuren ausgegraben: Krieger, Pferde, Streitwagen, aber auch Künstler, Musiker und Tänzer, denn dem Kaiser sollte es im Jenseits an nichts fehlen. In riesigen Hallen werden diese erst 1974 durch einen Bauern beim Pflügen entdeckten Tonkrieger geschützt und gezeigt.

Nach der kurzlebigen Qin-Dynastie, der Dynastie des ersten Kaisers, folgte die Westliche Han-Dynastie (206 v. Chr. – 6 n. Chr.), die nur wenige Kilometer vom heutigen Xian (»Westlicher Friede«) entfernt ihre Hauptstadt Chang'an (»Langer Friede«) baute. Chang'an war damals eine der größten Städte der Welt und damit prädestiniert, Ausgangspunkt der hier beginnenden und in der Han-Zeit (vgl. Seite 36f.) zu einer ersten Blüte gelangten Seidenstraße zu werden. Unter der Östlichen Han–Dynastie wurde die Hauptstadt allerdings nach Luoyang verlegt. Unter den Sui (581–618) wurde wiederum Chang'an unter dem Namen Daxing Regierungssitz. Das blieb auch so, als die folgende Tang-Dynastie (618–907 n. Chr) China und auch die Hauptstadt zu einer neuen Blüte führten (vgl. Seite 38f.). Die Millionenstadt galt neben Angkor, der Khmer-Hauptstadt, als die größte und bedeutendste Stadt der Welt; Städte wie Rom und Konstantinopel waren klein und unbedeutend gegenüber der Pracht dieser Stadt. Die Ming (1368–1644) bauten im 14. Jahrhundert die quadratische Stadtmauer und nannten die inzwischen politisch unwichtig gewordene Stadt mit ihrem heutigen Namen Xian.

Kleine Wildganspagode, Xian, China

Neben dem Grabhügel des ersten Kaisers und der Tonkriegerarmee außerhalb der Stadt beeindruckt in Xian zuerst einmal die mächtige Stadtmauer, die allerdings nicht aus der Seidenstraßenzeit stammt. Die ca. 14 km lange Mauer ist 12 m hoch und auf der Krone ebenfalls 12 m breit, sodass zwei Streitwagen auf der Mauer fahren konnten. Vier gewaltige Stadttore erschließen die Altstadt. Nicht weit vom Südtor liegt zentral der gewaltige, 36 m hohe Glockenturm, in seiner Nähe der Trommelturm – beide stammen aus der Zeit der Ming-Dynastie.

Für den Buddhismus in China sind die Große und die Kleine Wildganspagode von Bedeutung. In der ersten wurden im 7. Jahrhundert (Tang-Zeit) buddhistische Schriften übersetzt, die der Mönch Xuanzang aus Nordindien (Universitäten Nalanda und Taxila) über die Seidenstraße nach China gebracht hatte. Die Kleine Wildganspagode, im 8. Jahrhundert gebaut, hatte ursprünglich 15 Stockwerke, zwei wurden bei einem Erdbeben zerstört.

Neben diesen buddhistischen Bauten ist in Xian das muslimische Viertel mit der Großen Moschee von Bedeutung. Dieser im chinesischen Stil erbaute Bezirk geht auf die Tang zurück, als muslimische Kaufleute über die Seidenstraße kamen und hier ein ihnen zugewiesenes Quartier fanden. Der heutige Bauzustand der Moschee stammt allerdings auch aus der Ming-Zeit. Für Daoisten ist der Stadtgott-Tempel von Bedeutung. Auch das Historische Museum der Provinz Shaanxi ist von Bedeutung; die Märkte von Xian (etwa an der Moschee) sorgen für Abwechselung bei einer Stadtbesichtigung.

Der Hexi-Korridor und Lanzhou

Die chinesische Provinz Gansu besteht geografisch im Wesentlichen aus dem 1000 km langen und ca. 100 km breiten Hexi-Korridor (Hexi = westlich des Flusses [Huanghe – Gelber Fluss]). Das leicht gebirgige und wenig besiedelte Gebiet (so groß wie Deutschland, aber nur 25 Millionen Einwohner) hatte in der Geschichte für die Ausdehnung Chinas nach Westen eine hohe Bedeutung. Denn nur durch diesen Korridor konnte man in die weiter westlich gelegenen Gebiete gelangen, die heute die Provinz Xinjiang bilden. Auch der Handel der Seidenstraße und umgekehrt die Einführung der verschiedenen Religionen nach China, vor allem Buddhismus und Islam, verlief durch diesen Korridor. Immer wieder hat es Unabhängigkeitsbestrebungen und im 10. und 11. Jahrhundert sogar einen eigenen buddhistisch-tangusischen Staat gegeben. Heute gibt es in der Bevölkerung von Gansu viele, die Minderheiten angehören, vor allem Hui (vgl. Seite 54f.), Mongolen und Tibeter. Wirtschaftlich dominiert nach wie vor die Landwirtschaft mit dem Anbau von Getreide, Bohnen und Baumwolle, dazu kommt Viehzucht. Gansu hat reiche Bodenschätze; Kohle, Eisenerz, Cobalt und Platin werden hier abgebaut. Von den Höhlentempeln am Berg Maiji bis zu den Mogao-Grotten in Dunhuang gibt es viele bedeutende Stätten der Seidenstraße in Gansu.

Lanzhou am Gelben Fluss, China

Markt der Provinz Gansu, China

Die auf ca. 1500 m Höhe liegende Hauptstadt von Gansu, Lanzhou, ist eine schmutzige und luftverschmutzte Industriestadt mit ca. drei Millionen Einwohnern. Sie besitzt mit einer von deutschen Ingenieuren zu Beginn des 20. Jahrhunderts gebauten Eisenbrücke einen wichtigen Übergang über den hier reißenden Gelben Fluss (heute gibt es zudem auch andere Brücken). Die Stadt selber ist Durchgangsort für den Reisenden und Stützpunkt für Ausflüge in die Umgebung (Bing Ling Si, vgl. Seite 52f. und Linxia, vgl. Seite 54f.). In der Stadt selbst ist allein das Provinzmuseum von Bedeutung, das neben Grabbeigaben aus alter chinesischen Zeit vor allem die Bronzefigur des »Fliegenden Pferdes« zeigt, ein ausgeklügeltes Meisterwerk aus der Han-Dynastie, bei dem nur ein Fuß des weit ausgreifenden Pferdes den Boden bzw. eine auf dem Boden liegende Schwalbe berührt (im Museum ist allerdings nur eine Replik zu sehen). Dieses Werk stammt aus dem Grab eines Han-Generals.

Auf dem nördlichen Bergrücken oberhalb des Gelben Flusses findet sich in einem Park die 17 m hohe Weiße Pagode inmitten eines ausgedehnten Tempelbezirkes. In der Pagode wurde im 14. Jahrhundert die Asche eines tibetischen Mönches beigesetzt. Auf der gleichen Flussseite wie die Pagode findet sich ein muslimisches Viertel mit verschiedenen Moscheen. Außerdem sind am Fluss in einem kleinen Park zwei ca. 20 m hohe hölzerne Wasserräder zu sehen, die in früheren Zeiten für die Bewässerung der Felder genutzt wurden.

Bing Ling Si und der Gelbe Fluss

Von Lanzhou aus gelangt man in einem Tagesausflug zu den 75 km südwestlich gelegenen Grotten von Bing Ling Si, einem der wichtigen buddhistischen Orte entlang der Seidenstraße auf chinesischem Boden. Hier mussten die Kaufleute und Pilger in der Seidenstraßenzeit den gefährlichen und reißenden Strom des Gelben Flusses überqueren – ein Vorhaben, bei dem man sich vorher des Schutzes des Buddhas vergewissern wollte. Hierfür wurden ab dem Jahr 420 erste Höhlen in die hoch aufragenden Felswände am Flussufer geschlagen; Buddhastatuen in diesen Grotten wurden mit Gaben und Ehrfurchtsritualen verehrt. In den folgenden Jahrhunderten, besonders in der Mongolenzeit, wurden diese Grotten ausgebaut und weitere, teilweise kolossale, Buddha- und Bodhisattvafiguren hinzugefügt. Der größte, ein Bodhisattva Maitreya, wie üblich in europäischer Sitzhaltung dargestellt und weit über das Flusstal schauend, hat eine Höhe von ca. 27 m. Meist aber finden sich stehende Buddhas, oft in der Handhaltung (mudra) der Schutzgewährung, zu denen der Reisende aufblicken konnte, wenn er auf kleinen Booten und Flößen den gefährlichen Fluss überwand. 180 Höhlen waren bis zum Ende der Seidenstraßenzeit entstanden, teilweise sind sie innen mit farbigen Fresken ausgeschmückt, wie dies auch bei anderen buddhis-

Staumauer des Gelben Flusses bei Bing Ling Si, China

tischen Höhlen entlang der Seidenstraße der Fall ist (vgl. besonders die Mogao-Grotten, S. 66f.). Im 4. Jahrhundert hat man an dieser Stelle auch versucht, eine Brücke über den Fluss zu bauen, dieses Vorhaben ist allerdings gescheitert.

Heute hat sich das Erscheinungsbild der Bing Ling Si Grotten entscheidend geändert, da der Gelbe Fluss ein Stück weiter durch einen Staudamm aufgestaut wurde. Man kann nun nicht mehr einen Fußweg entlang der Felswand beschreiten, um zu den Buddhas und dem Übergang zum anderen Ufer zu kommen. Vielmehr ist der Zugang zu den Höhlen nur per Boot und einer halbstündigen Fahrt über den Stausee möglich. Auch ist der Wasserspiegel nun nahezu gleichbleibend hoch, reißende Stromschnellen sind verschwunden. Die Gefährlichkeit eines Übersetzens ist nicht länger gegeben, die Buddhas aber wachen weiterhin über die nun touristisch Reisenden, die diesen Ort der Seidenstraße besuchen.

Setzt man von den Buddhas auf die andere Seite über und fährt eine Viertelstunde mit einem knatternden Dreiradtaxi einen Feldweg aufwärts, so gelangt man zu einem versteckt liegenden buddhistischen Kloster, dessen Haupthalle, an den Felsen »geklebt«, zehn Meter über dem Boden schwebt. In der unteren Halle dieses Klosters, nur noch von einem alten Mönch bewohnt, findet sich eine große Statue des Barmherzigkeits-Bodhisattvas Guanyin und verschiedene Thangkas im tibetischen Stil.

Die Grotten und Buddhas von Bing Ling Si, China

Die Moschee von Linxia und der Stupa von Xiahe

Fährt man von Lanzhou auf schlechten Bergstraßen nach Südwesten, so erreicht man nach 160 km die Stadt Linxia, nach weiteren 120 km den Ort Xiahe. So dicht diese beiden Orte beieinander liegen, so sehr unterscheidet sich ihre Bevölkerung: Linxia ist weithin muslimisch geprägt, wird sogar wegen seiner über 20 Moscheen als »Klein-Mekka« bezeichnet. Xiahe dagegen zeigt tibetische Chörten (Stupas) und Gebetsfahnen, dazu gibt es tibetisch-buddhistische Mönche.

Die autonome Provinz Linxia mit der Stadt Linxia als Zentrum hat etwa zwei Millionen Einwohner. Ihre bedeutendsten Sehenswürdigkeiten sind die Moscheen, die in einem eigenartigen chinesisch-zentralasiatischen Mischstil erbaut wurden. Einige dieser Gebäude wie die Große Moschee sind mit ihren gestuften Stockwerken, herausragenden Dachkonstruktionen, grün glasierten Dachpfannen und rotem und gelbem Holzwerk durchaus mit chinesisch-buddhistischen oder daoistischen Tempeln vergleichbar. Andere wiederum haben grüne Kuppeln, die ebenso in Zentralasien stehen könnten.

▶ Hauptgebäude
▶▶ Eingangstor der Großen Moschee von Linxia, China

Der Ursprung des Islam in Linxia liegt bereits im 7. Jahrhundert, als ein über die Seidenstraße nach Osten kommender muslimischer Missionar sich hier niederließ. Die meisten Moscheen Linxias stammen allerdings aus den letzten zweihundert Jahren.

Ganz anders wird das Bild, wenn man weiter hinauf ins Bergland des A'nyêmaqên-Shan fährt. In seinen nordöstlichen Ausläufern liegt Xiahe und mit diesem Ort beginnt tibetisch-buddhistisches Land – sein Höhepunkt ist das Kloster Labrang (vgl. Seite 56f.). Doch schon vorher gibt es kleinere Klöster, buddhistische Mönche in ihren dunkelroten Gewändern prägen das Straßenbild. Am Rand der Straße und auf den Berghöhen und Pässen wehen Gebetsfahnen im Wind. Auch die Bevölkerung hier wie in der weiter südwestlichen gelegenen Provinz Qinghai ist vor allem tibetischen Ursprungs. Der Ursprung des Buddhismus in diesem Gebiet soll ebenfalls auf das 7. Jahrhundert zurückgehen, als der buddhistische Mönch Xuanzang auf seiner Rückreise von Indien, schwer beladen mit buddhistischem Schriftgut, hier Station machte. Der bunte Chörten am Wegesrand erinnert an Xuanzang.

► tibetisches Mädchen,
►► tibetischer Chörten (Stupa) bei Xiahe, China

Das Kloster Labrang

In 2800 m Höhe liegt im Kreis Xiahe nicht weit von der gleichnamigen Stadt entfernt das bedeutende Kloster Labrang, das eines der sechs größten und einflussreichsten Klöster der Gelugpa-Schulrichtung des tibetischen Buddhismus (Vajrayana) ist. Zu dieser Schulrichtung gehört auch der Dalai Lama. Labrang ist kein einfaches Klostergebäude mit einem Tempel, sondern eine ganze Klosterstadt, die sich über 86 Hektar erstreckt. Insgesamt gibt es 48 große Tempelgebäude, dazu viele weitere kleine Kapellen, Chörten und andere religiöse Stätten. Wie in Tibet selbst zeigen sich diese Tempelgebäude mit roten, leicht nach innen geböschten Wänden und einem Flachdach, auf das goldene Spitzen gesetzt sind. Der wichtigste dieser Tempel ist der sechsstöckige Maitreya-Tempel (rechts hinten im Bild), in dem sich eine etwa 10 m hohe Statue des Bodhisattva Maitreya, des Buddhas der Zukunft befindet. Die Altäre in allen Tempelhallen sind mit einer Vielzahl von Statuen unterschiedlicher Buddhas, Bodhisattvas (etwa Avalokiteshvara, Manjushri, Maitreya), dazu mit von den Pilgern gebrachten Gaben geschmückt. An den Wänden hängen kostbare Thangkas, Seidengemälde, die den komplizierten Glauben der tibetischen Buddhisten in meditative Bilder bringen, meist aber mit Tüchern verhängt sind.

Im Kloster Labrang, China

Kloster Labrang, China

Rund um die Tempel finden sich mannshohe Gebetsmühlen, außen mit dem Mantra »Om mani padme hum« (in etwa: »O du Juwel in der Lotosblüte«) geschmückt, innen sind Gebetszettel mit weiteren Mantras. Diese leuchtend roten Gebetsmühlen werden von den vielen Pilgern, die teilweise von fern her nach Labrang kommen, in ständiger Bewegung gehalten: Der Urlaut des Kosmos und die buddhistische Lehre (»die Lotosblüte«) sollen das ganze Land erfüllen – dies ist auch die Bedeutung der tibetischen Gebetsfahnen, die die Wege zum Kloster schmücken.

Die Bedeutung des Klosters liegt aber weniger darin, dass es eine wichtige Pilgerstätte ist, als darin, dass es eine nahezu unersetzliche Ausbildungsstätte für tibetische Mönche darstellt. In früheren Zeiten – vor der teilweisen Zerstörung durch die Kulturrevolution – lebten und arbeiteten hier über 4000 Mönche. Erst 1980 konnte das Kloster wieder eröffnet werden; heute gibt es ca. 1000 Mönche, die an sechs verschiedenen Fakultäten studieren können, darunter Philosophie und (tibetische) Medizin, aber auch Kalachakra (= »Rad der Zeit«, einen tantrischen, esoterischen Buddhismus). Zudem stehen Mathematik, Astronomie, Tanz, Thangka-Malerei und Bildhauerkunst auf dem Studienprogramm.

Das Kloster Kumbum

Reist man von Lanzhou und Linxia 200 km weiter nach Westen, so erreicht man die Kleinstadt Xining, die nicht mehr in der Provinz Gansu, sondern im sogenannten »Klein-Tibet«, der chinesischen Provinz Qinghai (»Grünes Meer«) liegt. Dies ist ein Bergland, meist in Höhen von 2500–3000 m, das sowohl aus zerklüftetem Bergland wie auch aus weit erstreckendem Weideland besteht, auf dem die tibetischen Nomaden mit ihren Herden (Schafe, Ziegen, Yaks und Pferde) ziehen – eine stationäre Weidewirtschaft ist hier nicht möglich. Qinghai ist doppelt so groß wie Deutschland bei nur 6 Millionen Einwohnern. Inzwischen besteht durch Zuwanderung die Hälfte der Bevölkerung aus Han-Chinesen, doch es gibt eine starke tibetische (21 %) und hui-muslimische (16 %) Minderheit, andere Minderheiten wie die Mongolen sind ebenfalls vertreten.

Der tibetische und mongolische Bevölkerungsanteil bekennt sich zum tibetisch-buddhistischen Glauben (Vajrayana). Damit erlangen die Klöster dieses Gebietes eine hohe Stellung. Unter ihnen ragt das Kloster Kumbum Champa Ling heraus, das »Kloster der 10 000 Bilder« – in den vielen Tempelgebäuden und Klosterhallen soll es fast zehntausend Gebetsstätten mit Meditationsbildern geben. Auch dieses Kloster gehört wie Labrang zu den sechs wich-

Tschörten im Bergland bei Xining, China

tigsten und größten tibetischen Klöstern. Es hat seine Bedeutung dadurch gewonnen, dass Tsongkhapa (1357–1419), der Gründer der Gelbmützen-Schulrichtung (Gelugpa), hier geboren wurde. An der Stelle seiner Geburt soll ein Baum mit 10 000 Blättern aufgesprossen sein, auf denen jeweils ein Bild des Buddha zu sehen war.

Unmittelbar hinter dem Eingang des Klosters finden sich acht Tschörten (Stupas), die auf die acht wichtigsten Ereignisse im Leben des Buddha verweisen – von seiner Geburt bis zum Eingang ins Paranirvana (endgültiges Nirvana). Kleiner Golddach-Tempel, Großer Goldbaum-Tempel, Friedensstupa, Blumentempel, Sutra-Halle, dazu Klosterdruckerei und die Fakultäten der Mönche runden das Klosterareal ab.

Im Kloster Kumbum, China

Die acht Tschörten des Klosters Kumbum, China

Jiayuguan – das Ende der Chinesischen Mauer

560 km nordwestlich von Xining und Kumbum ist eine wichtige Station der Seidenstraße erreicht: die chinesische Festung Jiayuguan und mit ihr das Ende der Chinesischen Mauer. Hier endet der Bereich des chinesischen Kernlandes, weiter nach Westen folgen aus chinesischer Sicht die »Länder der barbarischen Völker«.

Die Chinesische Mauer (chinesisch »10 000 Li (= 5000 km) lange Mauer«) ist kein durchgehendes Einzelbauwerk. Vielmehr sind vom 7. vorchristlichen Jahrhundert bis zum 16. Jahrhundert n. Chr. im Norden des chinesischen Kernreiches immer wieder Mauern errichtet worden, die oft sehr unterschiedliche Verläufe haben. Auch war das jeweilige Baumaterial den örtlichen Gegebenheiten angepasst, im gebirgigen Gelände nördlich von Beijing etwa sind es aus dem Fels geschlagene Steine, in den Wüsten- und Steppengebieten oft nur aufgehäufte Erdwälle. Viele Teilstücke der Großen Mauer sind in schlechtem Zustand, manchmal sind nur die Fundamente sichtbar. Über die Gesamtlänge gibt es unterschiedliche Angaben, je nachdem, ob man nur eine durchlaufende Mauer misst oder die Gesamtlänge der vielen, manchmal parallelen Mauern. So ergeben sich Längen von 6300 km bis 21 000 km in den offiziellen Angaben Chinas. Die bekanntesten Mauerstücke nördlich von Beijing stammen alle aus der Ming-Dynastie, also aus dem 15.–16. Jahrhundert.

Die Festung Jiayuguan am Ende der Chinesischen Mauer, China

Die Mauer sollte die nomadischen Völker nördlich von China vom Eindringen in chinesisches Kerngebiet abhalten – dieses Ziel wurde nie erreicht. Wohl aber kanalisierte die Mauer die Handelsverbindungen mit dem Ausland dadurch, dass sie nur an wenigen Stellen einen Durchgang durch die Mauer ermöglichte. Der einzige Durchgang im Westen war die Festung Jiayuguan. Alle Karawanen der Seidenstraße mussten sich in dieser Festung registrieren lassen und Zoll bezahlen, bevor sie weiter durch den schmalen Hexi-Korridor ins Kernland Chinas reisen durften. Der heutige Bauzustand Jiayuguans ist der im 20. Jahrhundert renovierte Bau der Mingfestung aus dem 14. Jahrhundert. Von der Festung aus geht der Blick in die unwirtliche Steinwüste Gobi und zu den Qilian-Bergen. An der Festung beginnt das letzte Mauerstück.

Die Festung Jiayuguan

Die Wüste Gobi

Die Gesamtfläche des heutigen Chinas besteht nur zu etwa einem Drittel aus bebaubarem Ackerland, eine Fläche, die sich durch die Ausdehnung der Städte und durch den Bau von Straßen und anderer Infrastruktur weiter verringert. Etwa 24 % des Landes sind Wei deland (wie etwa in Qinghai), auf dem ständige oder nomadische Viehwirtschaft möglich ist. Die anderen Gebiete des Landes sind unwirtliche Feuchtgebiete, Wälder, Ödland und vor allem Wüsten, die ca. 21 % der Landesfläche umfassen.

Unter den Wüsten sind vor allem die riesige Sandwüste Taklamakan (vgl. Seite 68f.) und die Steinwüste Gobi, die fünftgrößte Wüste der Welt, zu nennen. Die Gobi umfasst weite Gebiete nicht nur in China, sondern auch in der Mongolei. Im Chinesischen wird diese »Mondlandschaft« Gebi oder auch Hanhai (Endloses Meer) genannt – ein endloses Meer von Steinen und Geröllbrocken. Manchmal taucht auch der Name Alashan für das westliche Gebiet der Gobi auf. Die Gobi ist im Norden vom Altai-Gebirge und vom mongolischen Grasland begrenzt, im Osten von der Taklamakan, im Süden vom Qilian-Gebirge und dem Hexi-Korridor.

Dabei ist die Gobi nach den Kriterien der Geologen und Klimatologen keine reine Wüste, denn an vielen Orten gibt es Reste von Ve-

Die Steinwüste Gobi, China

getation, sodass besser von einer Halbwüste zu sprechen ist. Es gibt einige an die Trockenheit angepasste Sträucher und Grasarten, die aber nur kümmerlich wachsen können. Nur 3 % der Gesamtfläche von 1,3 Millionen km^2 sind Sanddünen, der größte Teil eher flache oder gebirgige Wüstensteppe. Das kontinentale Klima der Gobi ist extrem: Im Winter kann das Thermometer nachts bis auf –60 ° C fallen, im Sommer kann es tagsüber bis 50° C heiß werden. Vor allem die hohen Schwankungen zwischen Tag und Nacht machen die Wüste zu einem menschenfeindlichen Ort. Es gibt im Sommer heftige Sandstürme, im Winter Schneestürme. Dennoch bleibt die jährliche Niederschlagsmenge mit 100–200 mm gering. Das Klima der Gobi und auch ihre Sandstürme haben Auswirkungen bis nach Beijing, wo die Luftverschmutzung durch den vom Wind herbeigetragenen Sand und Staub der Gobi oft unerträglich ist. Die Regierung versucht durch die Anpflanzung von Schutzwäldern eine »Grüne chinesische Mauer« zu bilden – eine Aufgabe für Generationen. Bis 2050 sollen 500 000 km^2 neue Wälder nördlich und nordwestlich von Beijing entstehen – eine Fläche, größer als Deutschland.

Die Querung der südwestlichen Teile der Gobi von der Festung Jiayuguan bis zur Oase Dunhuang unmittelbar vor der nächsten Wüste, der Taklamakan, war für die Karawanen der Seidenstraße eine große Herausforderung, die Leben und Besitz vieler Reisenden gefährdete.

Kamel in der Wüste Gobi, China

Dunhuang und die Wüste Taklamakan

Der Grenzort zwischen der Steinwüste Gobi und der Sandwüste Taklamakan ist die kleine Stadt Dunhuang, die auf 1100 m Höhe liegt. Der Oasenort war für die Seidenstraße von ungeheurer Wichtigkeit. So verwundert es nicht, dass er bereits 120 v. Chr., also in der Zeit der Han-Dynastie, gegründet wurde – damals unter dem Namen Shazhou (Sandgebiet). In der Blütezeit der Seidenstraße unter den Mongolen wuchs Dunhuang zu einer großen und reichen Handelsstadt mit ca. 100 000 Einwohnern heran; heute gibt es in der Stadt selbst nur noch 20 000 Einwohner, im Gebiet Dunhuang ca. 200 000 auf 27 000 km^2. In der Oase wird heute vor allem Baumwolle angepflanzt. Die Stadt selber ist ohne Besonderheiten. Ein Kreismuseum zeigt archäologische Funde und Keramiken aus der Han-Zeit. Zudem erinnert eine »Pagode des Weißen Pferdes« an den buddhistischen Mönch Kumarajiva (344–413), der aus dem Ort Kucha nördlich der Taklamakan stammte (vgl. Seite 74f.). Als dieser Mönch von Kucha aus nach China reisen wollte, habe ihn sein weißes Pferd auf dem gefährlichen Weg durch die Taklamakan geschützt. Durch die Hilfe des Tieres wurde es ihm möglich, die buddhistische Lehre in China zu verkünden. Die Pagode soll von Kumarajiva selbst erbaut worden sein.

Stadt Dunhuang und Dünen der Taklamakan, China

Oase Mondsichelsee bei Dunhuang, China

Dunhuang grenzt direkt an die Wüste Taklamakan; die riesigen Sanddünen ragen unmittelbar hinter den Häusern des Ortes auf. Durch den Wind werden die Sandkörner der Dünen bewegt, das ergibt einen eigenartigen Ton, weshalb diese Dünen hinter Dunhuang chinesisch-blumig »Berge des Singenden Sandes« heißen. In der Nähe von Dunhuang gibt es mitten im Sandmeer der Taklamakan eine kleine Oase mit einem sichelförmigen See – der Mondsichelsee. Heute ist dieser bezaubernde Ort touristisch vermarktet.

Westlich von Dunhuang teilt sich die Seidenstraße in eine Route nördlich der Taklamakan (vgl. Seite 74f.) und südlich dieser Sandwüste (vgl. Seite 76f.) Die Taklamakan ist die zweitgrößte Sandwüste der Welt. Ihre Fläche beträgt 1,6 Millionen km²; die bis zu 300 m hohen Sanddünen bedecken eine Fläche von rund 340 000 km² – eine Fläche von der Größe Deutschlands (357 000 km²). Diese Dünen wandern sehr schnell, sodass sich das Landschaftsbild, aber auch die Karawanenwege ständig wandeln. Diese Wanderung war auch der Grund, warum der Salzsee Lop Nor in der Taklamakan an ständig anderen Stellen lokalisiert wurde – ein wandernder See, der allerdings seit 1960 ausgetrocknet ist. Sven Hedin löste 1901 das Rätsel des verschwundenen Sees. In der Taklamakan hat es früher durch Flüsse aus dem Tian Shan mehr Wasser gegeben, einige Oasenstädte, von denen heute nur Ruinen geblieben sind, halfen den Seidenstraßenkarawanen auf ihrem 2200 km langen Weg bis nach Kashgar.

Die Mogao-Grotten

Es gibt in China neben vielen kleineren Grotten drei große buddhistische Grottensysteme, die den Besucher wegen der Fülle ihrer Skulpturen und teilweise auch farbigen Fresken überraschen. In den 53 Yungang-Grotten (Wolkengrat-Grotten) nahe der Nordchinesischen Stadt Datong (400 km westlich von Beijing), im 5. Jahrhundert Hauptstadt der nördlichen Wei-Dynastie, finden sich ca. 51 000 Buddhas, Bodhisattvas, Schutzgottheiten und Schüler (Arhats) des Buddha in Skulpturen zwischen 2 cm und 17 m Größe dargestellt. In den Longmen-Grotten (Drachentor-Grotten) nahe der Stadt Luoyang wird dies noch übertroffen: In 1352 großen und kleinen Grotten beiderseits des Yi-Flusses finden sich über 100 000 Statuen in ebensolchen Größen. Das dritte große Grottensystem liegt ca. 25 km südöstlich der Stadt Dunhuang am Rand der Taklamakan: die Mogao-Grotten (auch Tausend-Höhlen-Grotte genannt).

Diese Grotten sind in eine Sandsteinfelswand eingeschlagen, die zur Zeit der Seidenstraße am heute ausgetrockneten Fluss Dang aufragte und der von den Karawanen überquert werden musste. Der Legende nach hatte an dieser Stelle der Mönch Lezun im 4. Jahrhundert die Vision eines magischen Lichtes. Dies bewog ihn, zu Ehren Buddhas eine erste Höhle zu schlagen, die danach den aus dem Osten kommenden Karawanen als Orientierung für eine günstige Flussquerung diente. In der Zeit vom 4. bis 14. Jahrhundert wurden in diese Wand ca. 1000 größere und kleinere Grotten geschlagen, 493 sind davon erhalten, etwa 30 können besucht werden.

Die Mogao-Grotten zeichnen sich durch ca. 2400 Skulpturen aus, die aber hier – anders als in Yungang und Longmen – aus Sandstein bestehen, der mit Stuck überarbeitet und dann in leuchtenden Farben bemalt wurde. Herausragender und bedeutungsvoller aber sind die ca. 45 000 m^2 Wandmalerei. Da die Höhlen im 14. Jahrhundert am Ende der Seidenstraßenroute in Vergessenheit gerieten und erst 1899 durch einen Mönch wiederentdeckt wurden, sind sie in einem sehr guten Erhaltungszustand, bedingt durch das trockene Wüstenklima. Auch wurden sie nicht in solch brutaler Weise geplündert wie die Bezeklik-Grotten (vgl. Seite 72f.), sodass man noch heute den Zustand aus der Seidenstraßenzeit betrachten kann.

Bodhisattva aus der Tang-Zeit, Grotte 45, Mogao-Grotten, Dunhuang, China

Die Mogao-Grotten wurden noch aus einem anderen Grund wichtig: Man entdeckte nämlich in Höhle 17 eine umfangreiche, ca. 60 000 buddhistische Handschriften umfassende Bibliothek aus dem 4.–11. Jahrhundert. Heute sind diese Schriften in London, Paris, Tokyo, Seoul und St. Petersburg, einige wenige auch in der Nationalbibliothek in Beijing. Die Schriften geben einen umfassenden und faszinierenden Einblick in die Zeit des frühen chinesischen Buddhismus.

Die Turpan-(Turfan-)Senke

Die Turpan-(auch Turfan-)Senke ist nach dem Toten Meer und dem See Gennesaret die dritttiefste Stelle der Erde. Die Oase selbst liegt etwa 80 m unter NN, der nahe Aydingkol-See sogar 154 m unter dem Meeresspiegel. Die Oase Turpan wird im Chinesischen auch Houzhou (»Gebiet des Feuers«) genannt, weil hier im Sommer bis 45° C erreicht werden; im Winter ist es bitterkalt, bis –15° C.

Obwohl in Turpan nahezu kein Regen fällt, ist die Oase von blühender Landwirtschaft geprägt. Das liegt an einem ausgeklügelten Bewässerungssystem, den unterirdischen Karez-Kanälen, die Schmelzwasser aus den Gletschern des nördlich gelegenen Tian Shan in die ca. 10 000 km^2 große und von ca. 300 000 Menschen bewohnte Oase leiten – ein wasserbauliches Meisterwerk mit einer Gesamtlänge von ca. 2000 km, das bereits seit 2000 Jahren ohne Probleme funktioniert. Die ca. 10–20 m unter der Erde verlaufenden Kanäle werden alle paar hundert Meter von senkrecht verlaufenden Wartungsschächten erreicht, deren Verlauf man durch den Aushub von Erde zu kleinen Hügeln leicht erkennen kann.

Emir-Moschee und -Minarett, Turpan, China

An landwirtschaftlichen Gütern bringt die Oase vor allem Weintrauben hervor, die in hoch aufragenden und mit Gittern durchlöcherten Lehmbauten zu Rosinen in unterschiedlichen Farben getrocknet werden. Es wird allerdings – in einer muslimisch besiedelten Oase – in kleinerem Umfang auch ein köstlicher Wein produziert. Die kraftvolle Sonneneinstrahlung und das Gletscherwasser schaffen dafür gute Voraussetzungen. Außer Trauben werden Melonen, Pfirsiche und anderes Obst produziert, dazu auch Weizen, Gerste und Sonnenblumen.

Die Bewohner der Oase sind hauptsächlich Uiguren (auch Uighuren), ein Turkvolk mit sunnitisch-muslimischer Religion und einer aus dem Arabischen und Persischen abgeleiteten eigenen Schrift. Die Uiguren drängen heute auf größere Autonomie von China, doch dieses Bestreben stößt auf harten Widerstand des Staates, der seine Einheit bewahren will.

Neben den großen und bunten Märkten, denn Turpan ist nach wie vor bedeutender Handelsort, gehören im Zentrum der Oase vor allem Moscheen zum Stadtbild. Sie sind bereits in ihrem Erscheinungsbild von Zentralasien geprägt und unterscheiden sich von denen der muslimischen Hui-Chinesen (vgl. Seite 54f.). Die schöne Emir-Moschee allerdings stammt nicht aus der Seidenstraßenzeit, sondern aus dem 18. Jahrhundert. Sie greift aber in ihrer Ziegelsteinornamentik auf zentralasiatische Vorbilder zurück (vgl. etwa in Buchara das Minarett der Moschee Kalan [Seite 123] oder das Mausoleum der Samaniden [Seite 125[). Auch der große Eingangsiwan, der als Torbogen in das Innere der Moschee führt, hat in Zentrasien und im Iran seine Vorbilder.

▶ Weintrauben
▶▶ Trockenhäuser für Weintrauben
▶▶▶ Rosinen
aus der Turpan-Senke, China

Jiaohe und Gaochang – verlorene Pracht

Während die Oasenstadt Turpan selbst seit über zweitausend Jahren ununterbrochen besiedelt ist, gibt es in der Nähe zwei beeindruckende Ruinenstädte, die in der Seidenstraßenzeit von hoher Bedeutung waren: Jiaohe (chinesisch: Zusammenfluss zweier Flüsse), mit uigurischem Namen Yarkhoto = Stadt oberhalb des Yar-Flusses, und Gaochang (= »Hohe Wachsamkeit«, mit uigurischem Namen Kocho oder Chotscho). Beide Städte haben ihren Ursprung in der Zeit der Han-Dynastie um die Zeitenwende.

10 km südwestlich von Turpan befinden sich auf einem ca. 30 m hohen Felssporn zwischen zwei Flüssen das 1,6 x 0,3 km große Stadtgebiet, das durch seine exponierte Lage eine natürliche Festung war. Bereits seit dem zweiten vorchristlichen Jahrhundert herrschte Jiaohe über einen unabhängigen Staat Cheshi. Ab dem 4. Jahrhundert wurde Jiaohe durch das inzwischen mächtigere Gaochang beherrscht. Die Stadt gewann am Ende der Tangzeit unter nun chinesischer Herrschaft noch einmal hohe Bedeutung als Garnisonsstadt am Westende Chinas. Nach dem 9. Jahrhundert jedoch schwand die Bedeutung der Festungsstadt. Im 13. Jahrhundert brannte die Stadt nieder – wahrscheinlich bei der Eroberung durch die Mongolen – und geriet bis zu ihrer Wiederentdeckung um 1900 in Vergessenheit.

Ruinen in Jiaohe (Yarkhoto), China

In Jiaohe waren die Hausfundamente aus gestampfter Erde, auf die man Lehmmauern setzte. Die Dächer wurden von Holzbalken getragen. Die Holzstämme sind entweder verbrannt oder wurden in andere Orte geschafft, denn Holz ist im Gebiet Xinjiangs ein äußerst wertvolles Baumaterial. Ohne schützende Dächer sind die meisten Mauern der Stadt erodiert und zeigen sich heute eher als rätselhafte Ruinen. Nur ein buddhistischer Tempelkomplex ist besser erhalten, dort kann man in Mauernischen noch die Umrisse einiger kopfloser Buddhastatuen erkennen. Auch gibt es dort ein Feld mit einem großen und vielen kleinen Stupas.

In der zweiten Ruinenstadt Gaochang, 30 km westlich von Turpan, die eine ähnliche Geschichte wie Jiaohe vorweisen kann, erinnern Fundamentreste und Lehmziegel an die Blütezeit dieser Metropole am Nordrand der Taklamakan. Anders als in Jiaohe sind aber einige der Gebäude in ihren Grundformen restauriert worden, sodass sich ein besseres Bild der Bauten ergibt. Vorherrschend sind dabei buddhistische Klöster und Grabanlagen. Die Stadt umgab eine 5 km lange und 11 m hohe Stadtmauer, von der große Teile noch erhalten bzw. restauriert worden sind. Die Blütezeit Gaochangs liegt in der Zeit der Tang-Dynastie und auch danach bis zum 13. Jahrhundert, als die Stadt die Hauptstadt eines eigenen uigurischen Reiches war. Durch den Einfall der Mongolen wurde die Stadt im 13. Jahrhundert zerstört und danach wie auch Jiaohe nie wieder aufgebaut.

Ruinen in Gaochang (Kocho), China

Die Bezeklik-Grotten

Reist man am Spätnachmittag von Turpan nach Osten in Richtung Gaochang, so leuchtet nördlich der Route der gelbe und rote Sandstein der Flammenden Berge (chinesisch Huoyan Shan, uigurisch Kiziltag, Rote Berge) in kräftigem Rotton auf. Durch die Hitze aufsteigende Luftmassen lassen die roten Berge flimmern, sodass der Eindruck von auflodernddem Feuer entsteht. Die Berge spielen in einem der bedeutendsten Werke chinesischer Literatur eine Rolle: Im Roman »Die Reise nach Westen«, die den Weg des Mönches Xuanzang über die Seidenstraße nach Indien beschreibt, kann der Pilger nur mit Hilfe des Affenkönigs und eines magischen Fächers die Flammen so klein halten, dass er ungehindert passieren kann.

Uiguren im Gebiet Turpan

Biegt man kurz vor Gaochang nach Norden in ein Seitental ab, so erreicht man nach kurzer Wegstrecke die buddhistischen Grotten von Bezeklik, auch »Tausend-Buddha-Höhlen« genannt. Die 83 Grotten, zwischen dem 5. und 9. Jahrhundert entstanden, liegen ähnlich wie die Mogao-Grotten in einer Sandsteinwand ca. 70 m oberhalb eines Flusses. Auch diese Höhlen beherbergen einige wenige Buddhastatuen, bedeutender waren allerdings die farbigen Wandmalereien – vergleichbar denen in Mogao. Doch anders als dort ist die bunte Herrlichkeit hier weitgehend zerstört. Dies geschah nicht durch natürliche Einflüsse,

Die Tausend-Buddha-Höhlen, Bezeklik, China

sondern dadurch, dass die Entdecker der Höhlen in der Neuzeit, besonders die deutschen Forscher Albert Grünwedel und Albert Le Coq im Jahr 1905 (vgl. Seite 18f.), die besten Fresken und dabei vor allem die Gesichter der Gestalten aus den Wänden schnitten und nach Berlin brachten. Dort wurden sie durch Bombenangriffe im Zweiten Weltkrieg weithin zerstört, nur einige Reste sind im Berliner Völkerkundemuseum (in Dahlem, bald im Berliner Schloss) noch zu sehen. Auch englische Expeditionen unter Marc Aurel Stein sowie russische und japanische beteiligten sich an der Plünderung, gegen die China in der schwachen Position der ausgehenden Kaiserzeit am Beginn des 20. Jahrhunderts nichts unternehmen konnte.

Themen der Wandbilder von Bezeklik sind vor allem die sogenannten Vorgeburtsgeschichten des Buddha. Oft wird eine große Buddhastatue von Bodhisattvas und Arhats – Schülern des Buddha – flankiert. Bilder der Stifterfiguren, Männer wie Frauen, sind meist an den Eingängen der Grotten dargestellt und geben einen tiefen Einblick in die Lebensweise und die Kleidung der Bevölkerung dieses Gebiets im 4.–13. Jahrhundert. Inschriften gibt es in Sanskrit, Brahmi, Uigurisch und Chinesisch – die Seidenstraße verband die verschiedensten Völker und Kulturen.

Oasenstädte nördlich der Taklamakan

Heute gibt es zwei asphaltierte Straßen von Nord nach Süd durch die riesige Wüste Taklamakan, zur Zeit der Seidenstraße waren es wegen einiger damals noch existierender Oasen Pfade durch dieses menschenfeindliche Gebiet, sogar in kleinen Oasen einige beschei dene Orte. Dennoch führten die Hauptwege der Seidenstraße zuerst südlich, dann nördlich der Taklamakan am Fuß der jeweiligen Randgebirge um dieses große Hindernis herum. Selbst diese Wege waren gefährlich, denn es gab zwar eine Reihe von gut versorgten Oasen, aber dazwischen waren weite Wege durch felsiges oder sandiges Gebiet zu durchqueren – dies blieb immer ein Abenteuer.

Die wichtigsten Oasenorte am Nordrand der Taklamakan sind:

- *Korla (Bayingolin):* 400 km westlich von Turpan liegt am Südrand des Tian Shan die Industriestadt Korla mit ca. 400 000 Einwohnern. Sie ist stark von der Ölförderung des Tarimbeckens (der

Tian-Shan-Gebirge, unten links ein Teil der Wüste Taklamakan, der See am oberen Rand ist der Yssykkölsee in Kirgistan (vgl. Seite 112f.), NASA-Bild

Wüste Taklamakan) geprägt, kulturelle Besonderheiten gibt es nicht.

- *Kucha (Kuqa):* Weitere 300 km westlich liegt der kleinere Ort Kucha, der in der Zeit der Seidenstraße von hoher Bedeutung als Oasenort war. Durch den Umschlag von Seide und anderen Waren kam die Stadt zu Wohlstand. Aus Kucha stammt der buddhistische Mönch Kumarajiva, der viele Sanskrit-Texte mit buddhistischen Lehren ins Chinesische übersetzt hat (vgl. Seite 64). Im Gebiet von Kucha wurde zu dieser Zeit auch Tocharisch gesprochen, ein ausgestorbener Zweig der indoarischen Sprachfamilie. In der Nähe von Kucha befinden sich die Ruinen der ehemaligen Klosterstadt Subashi mit Stupas, Tempeln, Klostergebäuden und Meditationszellen in Felswänden.
- *Kizil:* Vom Reichtum Kuchas zeugen die 70 km nördlich gelegenen Kizil-Grotten: 236 Grotten wurden über ca. 3 km verteilt am Steilhang eines Flusses in den Fels geschlagen – in ihrer Art ähnlich den Höhlen in Dunhuang und Bezeklik. Auch hier sind die ab 3. Jahrhundert entstandenen Fresken von großer Schönheit.
- *Aksu:* Noch einmal 250 km weiter erreicht man die Stadt Aksu (»Weißes Wasser«) am Fluss Aksuhe. Diese Stadt war als Oasenstadt für die Karawanen der Seidenstraße wichtig; heute ist sie mit ca. 600 000 Einwohnern ohne kulturelle Bedeutung.

In der Wüste Taklamakan, China

Oasenstädte südlich der Taklamakan

Auch am Südrand der Taklamakan gibt es eine Reihe von alten Oasenstädten, die für die Seidenstraße wichtig waren, teilweise aber wie Hotan noch heute von Bedeutung sind. Die wichtigsten Orte von Ost nach West, von Dunhuang bis Kashgar, sind:

- *Ruoqian (Charkalik):* Die Kleinstadt und die gleichnamige Region haben mit ca. 200 000 km² eine Fläche von mehr als der Hälfte Deutschlands, doch wohnen hier nur 30 000 Menschen. Der Ort liegt eingezwängt zwischen dem Altun Shan im Süden und der Taklamakan bzw. der Kumtag-Wüste im Norden. Von Ruoqiang führt heute eine Straße nach Korla an den Nordrand der Taklamakan. Östlich dieser Verbindung liegt die Salzebene mit dem früher »wandernden« und inzwischen verschwundenen Salzsee Lop Nor. Im Gebiet des Lop Nor, der zu dieser Zeit noch nicht versalzt war, lag die Königsstadt Loulan, Hauptstadt eines kleinen Oasenreiches, das vom 2. Jahrhundert v. Chr. bis 4. Jahrhundert n. Chr. Bestand hatte. Es musste wegen zunehmender Trockenheit ebenso aufgegeben werden wie die vielen Signalstationen, die in der Zeit der Han-Dynastie gebaut wurden und den Weg durch die Wüste zur nächsten Oase wiesen. Sven Hedin (vgl. Seite 19) erforschte dieses Gebiet. Heute lassen sich dort Reste der Stadtmauer, Fundamente der Häuser und ein buddhistischer Stupa entdecken.

Auf dem Weg zum Viehmarkt im Gebiet von Kashgar, China

- *Qiemo:* 280 km westlich von Ruoqian wird die kleine Oasenstadt Qiemo im Kreis Qarqan erreicht. Sie wird durch einen Fluss aus dem Altun Shan bewässert. In der Nähe dieser Stadt sind die Zaghunluq-Gräber gefunden worden, Grabstätten eines nomadischen Volkes aus der Zeit von ca. 1000 v. Chr.; die dort gefundenen Mumien und Stoffreste sind im Nationalmuseum von Ürümqi ausgestellt.

Ruinen von Melikawat, bei Hotan, China

- *Minfeng (Niya):* Der kleine Oasenort und die dazugehörende Ruinenstadt Niya liegt 310 km von Quiemo entfernt. Hier wurden von Marc Aurel Stein (vgl. Seite 18) buddhistische Manuskripte in der Schrift Kharoshti gefunden, die mit Holzdrucktafeln gedruckt wurden – einige der ältesten Druckerzeugnisse der Welt.
- *Hotan (auch Khotan, Hetian):* Die große Oase Hotan wird von über eine Million Menschen bewohnt. Sie ist für ihre handwerklichen Erzeugnisse bekannt: Seiden-Manufakturen, Teppichherstellung, dazu besonders Jadeschmuck in vielen Farben, der aus Steinen des Kunlun Shan hergestellt wird. Hotans Geschichte geht auf vorchristliche Zeit zurück. Zur Zeit der Seidenstraße wanderten auch die buddhistischen Mönche Faxian (4. Jahrhundert) und Xuanzang (7. Jahrhundert) durch Hotan. Bedeutend sind die Ruinen der Oasenstadt Melikawat südlich des Hauptortes.
- *Yarkand:* Der Ort, 610 km von Minfeng entfernt, war besonders in der Mongolenzeit wichtig; hier lag eines der Hauptquartiere der mongolischen Armee. Heute ist die Stadt muslimisch geprägt.

Kashgar – die westlichste Stadt Chinas

Kashgar (auch Kaxgar) ist die westlichste Stadt Chinas und der Knotenpunkt verschiedener Routen der Seidenstraße. Von Kashgar biegt die nordindische Route nach Süden ab, um durch die Karakorumschlucht das Gebiet des heutigen Pakistans zu erreichen und dann durch den Punjab in die Gangesebene zu den Orten zu gelangen, die als das Mittlere Land das Land des Buddha waren (vgl. ab Seite 80). Nach Westen gehen von Kashgar aus zwei Wege über den Irkeshtam- und den Turugart-Pass in das Gebiet des heutigen Kirgistan und damit nach Zentralasien. Die Provinz Kashgar ist von ca. 3,5 Millionen Menschen bewohnt, zu 90 % sind dies Uiguren; 9 % sind Han-Chinesen, ferner gibt es Minderheiten von Tadschiken, Kirgisen, Usbeken.

Altstadt von Kashgar, China

Bereits Marco Polo berichtet über die Stadt: »Cascar war einst ein Königreich, aber heute ist es dem [mongolischen] Großkhan untertan. Die Bevölkerung bekennt sich zum Islam. Die größte und schönste unter den zahlreichen Städten heißt Cascar. Die Einwohner leben von Handel und Gewerbe. Sie haben prächtige Gärten, sie pflegen ihre Weinreben und besitzen schöne Güter. Die Baumwollstaude wächst hier und ebenfalls Flachs und Hanf. Händler aus Cascar reisen durch die ganze Welt. Man spricht eine besondere Sprache. Man durchquert das Gebiet in fünf Tagen.«

Kashgar liegt auf einer Höhe von ca. 1300 m und ist die größte Oase Chinas. Der Wasserreichtum erlaubt den Anbau von Getreide, Obst, aber auch – wie schon Marco Polo bemerkte – Baumwolle, einer Pflanze mit hohem Wasserverbrauch. Alle Karawanen der Seidenstraße berührten Kashgar. Deshalb hat es auch eine sehr wechselvolle Geschichte – mal war der Ort unter der Herrschaft der Yuezhi, mal unter chinesischer Oberherrschaft. Alle Religionen der Seidenstraße (vgl. Seite 32f.) hatten Einfluss auf die Bewohner der Oase, doch heute ist Kashgar eine nahezu rein islamische Stadt, zudem mehr zentralasiatisch als chinesisch geprägt.

Altstadt von Kashgar, im Hintergrund die Heytgah-Moschee (Id-Kah), China

Deshalb sind die beiden Hauptsehenswürdigkeiten der Stadt islamisch: die Heytgah- (auch Id-Kah-)Moschee und das Mausoleum Abakh Hoja. Die Heytgah-Moschee ist die größte Moschee Chinas und fasst bis zu 10 000 Personen. Der heutige Bau stammt aus dem 15. Jahrhundert, zwei Minarette flankieren den Bau, dessen Dach von 140 hölzernen Säulen getragen wird. Das Mausoleum Abakh Hoja (Bild vgl. Seite 33) aus dem 17. Jahrhundert verehrt einen muslimischen Herrscher dieser Zeit, der zugleich Oberhaupt einer Sufi-Sekte war und als Heiliger angesehen wurde.

Bekannt ist Kashgar vor allem durch seinen Sonntagsmarkt, zu dem oft bis zu 100 000 Personen zusammenkommen. Der Tiermarkt mit Schafen, Ziegen, Kamelen, Eseln bietet ein pittoreskes Bild; es gibt aber auch Früchte, Gemüse, Kleidung, dazu andere Artikel des täglichen Bedarfs.

Der Weg nach Nordindien

Der in diesem Kapitel beschriebene Weg der Seidenstraße von China nach Nordindien (oder besser umgekehrt von Nordindien nach China) ist weithin unbekannt, weil der Begriff »Seidenstraße« meist für die Verbindung zwischen Europa und China gebraucht wird. Doch hat dieser nordindische Zweig zwar weniger wirtschaftliche, jedoch wichtige religiöse Auswirkungen auf China gehabt: Der Buddhismus gelangte auf diesem Weg von der buddhistischen Universität Taxila (nach Nalanda im »Land des Buddha« die zweitgrößte buddhistische Klosterlehranstalt) über die Seidenstraße nach China. Auch veränderte sich auf diesem Weg das Bildnis des Buddha, das in Taxila durch Handwerker griechischen Ursprungs (bedingt durch die Eroberung dieses Gebiets durch Alexander des Großen im vierten vorchristlichen Jahrhundert) entstanden war, dort aber noch europäische Gesichtszüge und Sitzhaltung hatte. Auf dem Weg der Seidenstraße wurde das Buddha-Bildnis sinisiert, so wie es heute noch in den chinesischen Tempeln zu finden ist.

Der Ausgangspunkt dieses Wegstücks der Seidenstraße liegt im westchinesischen Kashgar. Von dort führt die Route nach Südwesten über den Pamir, dann folgt der Aufstieg zum Karakorum. Der höchste Punkt der Straße liegt am Khunjerab-Pass mit 4733 m Höhe (andere Angabe: 4693 m), wo auch die Grenze zwischen China und Pakistan überschritten wird. Nun verläuft die abenteuerliche und zugleich faszinierende Passstraße abwärts, hohe Felswände rechts und links, im Tal die Flüsse Khunjerab, Hunza, später Gilgit und Indus. Man passiert das Hunzaland mit seiner Hauptstadt Karimabad, bewohnt vom Volk der Hunzakut, einem Volk unbekannter Herkunft. Bergriesen wie der Rakaposhi (7790 m) und der Nanga Parbat (8125 m) säumen den schmalen, teilweise mühsam in Felswände gebrochenen Fahrweg. Allmählich öffnet sich das Tal des Indus, bald sind Taxila und die heutige Hauptstadt Pakistans, Islamabad erreicht. Von dort führt der Weg durch den Punjab (Fünf-Fluss-Land) in seinem pakistanischen und indischen Teil in die nordindische Ebene der beiden Flüsse Yamuna und Ganges. Weiter östlich kommt man dann ab Varanasi in das Gebiet, in dem der Buddha lebte, in das Mittlere Land mit seinen Königsstädten Rajagriha und Sravasti.

Stupa im Mahabodhi-Tempel,
Bodh Gaya, Indien

Bergwelt des Kongur Shan und Mustagh Ata

Wendet man sich von Kashgar aus auf der einzigen Straße nach Südwesten, so fährt man noch fast 50 km durch die Oase mit ihren Pappeln, Weiden und oft dichtem Buschwerk. Dann gewinnt die Straße an Höhe, hinter der kleinen Ortschaft Opal (auch Upal) mit ihrem Viehmarkt bleibt die Oasenlandschaft zurück, eine karge Bergwelt beginnt, und die Baumgrenze wird bei ca. 3500 m überschritten. Allmählich tauchen die Bergriesen des Pamirgebirges auf. Diese Bergwelt mit ca. 120 000 km^2 (ein Drittel von Deutschland) verbindet die Länder China, Pakistan, Afghanistan und Tadschikistan, entsprechend vielfältig sind auch die wenigen Bewohner dieser Bergregion; Tadschiken bilden die Hauptgruppe. Im Pamir entspringt der etwa 900 km lange Fluss Pandsch, der nach Nordwesten abfließt und einer der Quellflüsse des Amudarja (vgl. Seite 126f.) ist. In Lagen über 5600 m sind Teile des Pamir noch vergletschert, doch auch hier ziehen sich die Gletscher durch die Erderwärmung zurück.

Die durchschnittliche Höhe des Pamir beträgt ca. 4000 m über NN., doch ragen mehrere Siebentausender auf. Der höchste Berg ist der Kongur Shan mit 7649 m (nach anderen Angaben 7719 m), der erst im Jahr 1900 entdeckt und nach vielen vergeblichen Mühen erst 1981 durch eine britische Expedition bestiegen werden konnte.

Kongur Shan (7649 m oder 7719 m) Pamirgebirge, China

Der dritthöchste Gipfel des Pamir, an dem die Straße nach Süden ebenfalls vorbeiführt, ist der Mustagh Ata (auch Muztagata) mit 7506 m (nach anderen Angaben 7546 m). Der Name des vergletscherten Bergriesens bedeutet im Uigurischen »Vater der Eisberge«. Bereits Sven Hedin war 1894 an den Fuß des Berges gekommen, ihm gelang aber die Besteigung nicht (Erstbesteigung erst 1956). Hedin schreibt in seinem Reisebericht über diesen Berg:

»Die Sonne ging unter, und ihr Purpurschein erlosch auf den Westhängen des Muztagata. Als der Vollmond über der Zinne der Felswand an der Südseite des Gletschers aufstieg, trat ich in die Nacht hinaus, um eines der großartigsten Schauspiele zu bewundern, die ich je in Asien gesehen habe. Die ewigen Schneefelder auf der höchsten Kuppe des Berges, das Firnbecken, das den Gletscher speist, und seine höchsten Regionen badeten im Silberschein des Mondes, aber wo der Eisstrom in seiner tiefen Felsrinne lag, herrschte nachtschwarzer unergründlicher Schatten, über die gewölbten Schneefelder zogen weiße dünne Wolken, und man glaubte die Geister des Berges zu sehen, die im Freien ihre Tänze aufführten. Ich stand höher als der Kilimandscharo, der Montblanc und alle Bergspitzen dreier Erdteile; nur die höchsten Gipfel Asiens und der Anden waren höher. Bis zur Spitze des Mount Everest fehlten noch 2600 m. Aber ich glaube, dass das Bild, das sich vor mir entrollte, an wilder, phantastischer Schönheit alles übertraf, was man auf Erden erblicken kann.«

Mustagh Ata (7506 m oder 7546 m) Pamirgebirge, China

Taxkorgan und Pamirgebirge

Von den Höhen des Pamir führt die Straße in Richtung Pakistan wieder ein Stück weit hinab, von weit über 4000 m Höhe hinunter auf 3300 m und damit unterhalb der Baumgrenze. Doch wachsen nur wenige Sträucher und Bäume entlang der Flüsse, dahinter bis zum Aufstieg der Berge ist karges Weideland für die Schafe und Ziegen der Hirten; dazu gibt es wenige Pferde und Kamele als Lasttiere, Yaks dagegen nur in größeren Höhen.

Ca. 300 km von Kashgar entfernt, für die man mindestens sieben Stunden Fahrzeit rechnen muss, gelangt man in ein unscheinbares Straßendorf mit Hütten und nur wenigen mehrgeschossigen Häusern. Dies ist Taxkorgan im Autonomen Kreis der Tadschiken im Westen Chinas mit ca. 40 000 Einwohnern auf ca. 30 000 km². Die heutige Bedeutung Taxkorgans ist allein die einer Station auf dem Weg der Karakorumstraße, einige Herbergen nehmen vor allem die Fahrer der schweren LKW auf, die von China aus nach Pakistan fahren und eine Rast benötigen.

Markt in Taxkorgan, China

Pamirgebirge, China

Aber der Name Taxkorgan – »Steinerne Stadt« – verweist auf eine alte Geschichte: Dieser Name wird weniger aufgrund der unwirtlichen Landschaft rund um den Ort entstanden sein als wegen der etwa 600 Jahre alten Festung mit einer 1,3 km langen Steinmauer als Schutz, die sich oberhalb der kleinen Stadt befindet. Doch der Ort ist viel älter. Wissenschaftler vermuten, dass die »Steinerne Stadt« mit dem »Steinernen Turm« identisch ist, den der Universalgelehrte Claudius Ptolomäus (* um 100 n. Chr.) in seinem Werk »Geographia« erwähnte. Ptolomäus, dessen astronomische und mathematische Berechnungen zum sogenannten »Ptolomäischen Weltbild« mit der Erde als Mitte des Kosmos führten, führt in seinem geografischen Werk die damals bekannten Orte der Erde auf. Er erwähnt den Verlauf eines Zweiges der Seidenstraße vom afghanischen Balkh her in Richtung Pamirgebirge, bis man an der Grenze des bekannten Gebietes auf den Steinernen Turm trifft. Dahinter ist unbekanntes Land – Wüsten (Taklamalan), Gebirge (Pamir) und einige Ort auf dem Weg nach Serica (China). Alle diese Angaben kannte Ptolomäus nur vom Hörensagen. Gesichert ist dagegen, dass Taxkorgan vor 2000 Jahren die Hauptstadt eines Reiches Puli war und in der Zeit der Tang-Dynastie zu einem Militärstützpunkt an der Westgrenze ausgebaut wurde.

Fahrt zum Khunjerab-Pass, China

Der Khunjerab-Pass

Das Pamirgebirge endet in Taxkorgan; nun beginnt der Aufstieg ins Karakorumgebirge bis zum Khunjerab-Pass (auch Kunjirap) – auf einer Höhe von 4733 m (andere Angabe 4693 m). Die 120 km lange Fahrt von Taxkorgan bis zum Pass über schlechte und teilweise steile Straßen dauert mit dem PKW ca. drei Stunden, mit dem LKW erheblich länger. Der Pass soll der höchstgelegene Straßenpass sein, der über asphaltierte Straßen zu erreichen ist. Eine Grenzstation gibt es oben auf dem Pass nicht, nur den markanten Grenzstein, der auf der einen Seite die beiden chinesischen Schriftzeichen Zhongguo für China und das chinesische Wappen trägt, auf der

Khunjerab-Pass – Grenzstein chinesische Seite

Fahrt zum Khunjerab-Pass, China

anderen Seite die Aufschrift Pakistan in lateinischen Buchstaben und das pakistanische Wappen. Die eigentlichen Grenzstationen mit der Pass- und Zollabfertigung liegen auf beiden Seiten viel tiefer, auf chinesischer Seite ist es nur eine Ansammlung von kleinen Hütten, auf der pakistanischen Seite eine Ortschaft namens Sust mit Restaurants, Herbergen für die Fahrer und kleinen Geschäften. Beide Stationen befinden sich jeweils auf einer Höhe von unter 4000 m NN.

Khunjerab-Pass – Grenzstein pakistanische Seite

Die beiden Länder werden seit dem Bau der Karakorumstraße (vgl. Seite 88–89) durch eine täglich verkehrende Buslinie verbunden. Im Gespräch ist auch der Bau einer Eisenbahnlinie, die beide Länder über den Pass verbindet. Auf chinesischer Seite wäre eine solche Linie durchaus zu bauen, auf pakistanischer Seite scheint die Enge des Karakorumtals dies zu verhindern.

Der Karakorum Highway

»Die Wege waren äußerst gefährlich, die Täler dunkel. Man musste über Brücken aus herabhängenden Seilen gehen, man musste Abgründe überqueren, indem man sich an Eisenketten festhielt. Schmale Stege schwebten über dem Abgrund, an anderen Orten waren Seilbrücken über Schluchten geworfen und wieder an anderen Orten gab es in den Fels gemeißelte Kletterpfade und Leitern.« So erzählt der Pilgermönch Xuanzang im 7. Jahrhundert über seinen Weg von China aus durch die Karakorumschlucht nach Nordindien und – beladen mit buddhistischem Schriftgut – wieder zurück.

Heute hat sich das Bild durch den Bau des Karakorum Highways, der China und Pakistan verbindet, zwar gewandelt, aber diese Route bleibt nach wie vor eines der großen Reiseabenteuer (falls die politische Situation in Nordwest-Pakistan eine Reise überhaupt erlaubt). Die Länge des Highways vom chinesischen Kashgar bis in die pakistanische Hauptstadt Islamabad beträgt 1284 km, an seiner höchsten Stelle, dem Khunjerab-Pass (vgl. Seite 86f.) wird eine Höhe von 4733 m erreicht. Für die Fahrt von Kashgar nach Islamabad braucht man mindestens fünf bis sieben Tage. Die Straße berührt oder durchfährt einige der höchsten Bergregionen der Welt: Pamir, Karakorum, Hindukusch, Himalaya (vgl. das Bild auf Seite 95), vorbei an mehreren Siebentausendern und sogar am Achttausender Nanga Parbat.

Fahrt durch die Karakorum-Schlucht, Pakistan

Zudem ist die Route nur von Mai bis Oktober offen, im Winter bis weit ins Frühjahr hinein ist sie wegen Schneefalls und durch Schmelzwasser ausgelöster

Erdrutsche gesperrt. Aber selbst im Sommer können Schneefälle in höheren Regionen die Straße unpassierbar machen. Auch müssen im Mai vor der erneuten Eröffnung der Straße viele Erdrutsche beseitigt werden, damit der Weg für LKWs, Busse und einige wenige PKWs wieder offen ist, deren Fahrer sich auf die nach wie vor abenteuerliche Route wagen. Doch wer dies tut, wird durch atemberaubende Blicke in Gebirgslandschaften, durch sehr unterschiedliche Geländeformationen am Wegesrand und durch einen Einblick in das karge und entbehrungsreiche Leben einiger Bergvölker (wie etwa der Hunzakut, vgl. Seite 90f.) belohnt. Wie kaum an einer anderen Stelle zeigt sich hier das Abenteuer der Seidenstraße auch dem Reisenden unserer Zeit, wenn man dem Karakorum Highway auf seinem langen Weg folgt: ein faszinierendes Gebirgsszenario von Fels- und Eisbergen, dazwischen die tief in den Felsen eingeschnittenen und reißenden Gebirgsflüsse Karakorum, Hunza, Gilgit und schließlich der dann schon breit strömende Indus.

Fahrt durch die Karakorum-Schlucht, Pakistan

Die höchste Fernstraße der Welt wurde in der Zeit von 1958–1978 von China und Pakistan gemeinsam gebaut. Dies geschah unter größten Anstrengungen und mit hohen Verlusten – fast 1000 Arbeiter kamen beim Bau der Straße ums Leben. Auch heute fordern Instandhaltung und Betrieb immer wieder Opfer, von übermüdeten LKW-Fahrern, die von der schmalen Straße abkommen und in die tiefen Schluchten der Flüsse stürzen, ganz zu schweigen. China versucht, die Straße weiter auszubauen, damit die Fahrt sicherer und zeitlich kürzer wird. Doch das ist selbst mit den heutigen technischen Mitteln immer noch eine ungeheure Herausforderung.

Das Hunzaland

2300 m unterhalb des Khunjerab-Passes liegt das Land der Hunzakut westlich des Flusses und der Nagar östlich des Flusses in einem eigenen pakistanischen Bezirk Hunza-Nagar. Die Hunzakut haben eine Legende, dass ihr Volk vom Heer Alexander des Großen abstammt, doch dies ist nicht nachweisbar. Wahrscheinlicher ist, dass sie seit Jahrtausenden weitgehend isoliert im Hunzatal leben, denn die Straße entstand ja erst in der Mitte des zwanzigsten Jahrhunderts. Dieses kleine, nur etwa 80 000 Personen umfassende Volk ist auch ethnologisch betrachtet ein isoliertes Volk, das mit keinem anderen der umliegenden Völker verwandt ist. Dies gilt auch für die von den Hunzakut gesprochene Sprache Burushaski, Linguisten zufolge eine völlig isolierte Sprache, die keinerlei Beziehung zu anderen Sprachen hat. Die Hunzakut sind Ismaeliten, eine schiitische Glaubensgemeinschaft; ihr geistiges Oberhaupt ist der jeweilige Aga Khan.

Baltit Fort, Karimabad, Hunzaland, Pakistan

Hunzakut-Junge mit Lapislazuli, Hunzaland, Pakistan

Regiert wurden die Hunzakut von einem Mir (König), bis 1974 die pakistanische Regierung diese Herrschaftsform abschaffte. Doch die Königsfamilie wohnt nach wie vor im Hunzatal und genießt hohes Ansehen bei der Bevölkerung. Wichtigster Ort ist die kleine Stadt Karimabad mit nur 5000 Einwohner. Sie wird überragt vom mächtigen, 700 Jahre alten Baltit Fort, dem ehemaligen Königspalast. Von der Terrasse der Burg hat man einen weiten Ausblick auf das Hunzaland mit seinen Bewässerungskanälen, die vom Gletscherwasser gespeist werden, den kleinen Ortschaften mit ihren wegen des Klimas geduckten und aneinander geschmiegten Häusern, den Obstplantagen und dem weiteren Talverlauf nach Süden. Es gibt eine zweite Burg neben einem gleichnamigen Ort: Fort Altit, das heute ebenso wie das Baltit Fort zu einem Museum ausgebaut ist. Das Hunzaland ist, wenn auch nicht groß, fruchtbares Land, das besonders durch sein Obst (Äpfel, Aprikosen) bekannt ist. Neben dem Anbau von Obst und Gemüse werden auch Ziegen und Hühner gehalten; Rinder dagegen können wegen der Höhe und des engen Tales nicht gehalten werden.

Hunzakut-Mädchen in Altit, Hunzaland, Pakistan

Ortschaft Altit, Hunzaland, Pakistan

Das Gilgittal im Karakorum

Die gut 100 km lange Strecke von Karimabad bis Gilgit fährt man in drei Stunden, es ist eines der schönsten Stücke des gesamten Highways quer durch das Karakorum-Gebirge. Der Karakorum wird als höchstes Gebirge der Welt bezeichnet, weil seine Durchschnittshöhe mit ca. 5000 m höher als der benachbarte Himalaya liegt. Mit dem K2 (8611 m), dem Gasherbrunn I (8080 m), dem Broad Peak (8051 m) und dem Gasherbrunn II (8034 m) sind im Karakorum vier der insgesamt vierzehn Achttausender der Erde zu finden. Zudem sind in diesem 700 x 150 km großen Gebirge über 60 Siebentausender – ein beachtliches Bergszenario am Schnittpunkt der Länder Pakistan, Indien und China; der genaue Grenzverlauf ist umstritten. Wie auch der Himalaya ist der Karakorum erdgeschichtlich vergleichsweise jung, nur 40 Millionen Jahre alt. Er entstand (und erhöht sich weiter) dadurch, dass die indische Kontinentalplatte sich unter die eurasische Platte schiebt. Deshalb ist das Gebiet des Karakorum auch heute noch instabil; häufig entlädt sich die Spannung der Kontinentalplatten in Erdbeben. Das Klima ist im Sommer subtropisch, aber immer vom Südwestmonsun bestimmt, der im Winter und Frühjahr hohe Niederschlagsmengen bringt. Wegen der intensiven Sonneneinstrahlung und ausreichender Wasserversorgung sind die wenigen landwirtschaftlich nutzbaren Flachen sehr fruchtbar. Außerhalb der Anbauflächen von Obst und Gemüse gibt es die aus dem Alpenraum bekannte alpine Flora mit Wäldern, Büschen und alpinen Matten. Große Gletscher runden das Gebiet landschaftlich ab.

Rakaposhi (7790 m), Pakistan

Nicht weit vom Hunzaland erhebt sich der mächtige und weithin vergletscherte Rakaposhi mit 7790 m. Etwas weiter im Tal erinnert ein etwa 8 m hohes, weit oben in eine Felswand eingemeißeltes Bildnis des Buddha daran, dass durch dieses Gebiet der Buddhismus aus dem indischen Raum nach Norden und dann nach China gelangte. Heute ist die Bevölkerung südlich des ismaelitischen Hunzalandes sunnitisch-islamisch.

Auf etwa 1500 m Höhe liegt Gilgit, die Hauptstadt der Region Gilgit-Baltistan, auch Northern Areas (von Pakistan) genannt. Es ist eine kleine Stadt mit etwa 30 000 Einwohnern, am Fluss Gilgit gelegen. In der Zeit des Kushan-Reiches vom 1.–3. Jahrhundert hatte die Stadt hohe Bedeutung, auch der buddhistische Mönch Faxian aus China macht hier zu Beginn des 5. Jahrhunderts Station. In der Stadt gibt es außer dem Basar und dem Pferdestadion für Polospiele keine Sehenswürdigkeiten. Wohl aber beeindruckt die Landschaft oberhalb und unterhalb der Stadt mit ihren Bergriesen (der Hausberg von Gilgit ist der 6134 m hohe Dabani), den waghalsigen Brücken über den Gilgit-Fluss, der den Hunza-Fluss aufgenommen hat, und den in einem breiteren Tal liegenden Äckern und Weiden. Das Klima ist mild, deshalb können hier Reis, Melonen, Granatäpfel, Feigen und Trauben angebaut werden, auch gibt es Baumwollfelder.

Brücken über den Gilgit, Pakistan

Nanga Parbat (8125 m) im Westhimalaya, Pakistan

Das Industal

Fährt man von Gilgit aus die ca. 140 km zur nächsten Stadt Chilas, so kommt man nach etwa einer Stunde Fahrzeit zu einer geografisch äußerst bedeutsamen Stelle: Hier fließen die Flüsse Gilgit und Indus

Zusammenfluss von Gilgit (links) und Indus (rechts). Zudem sind drei Gebirge zu sehen – links: Hindukusch, in der Mitte: Karakorum, rechts Himalaya.

zusammen, zugleich lassen sich von dieser Stelle aus drei der größten Gebirgsketten der Welt in ihren Ausläufern erkennen: Hindukusch, Karakorum (das »Schwarze Gebirge«) und Himalaya.

Noch einmal eine Fahrstunde weiter erreicht man den Nanga Parbat (auch Diamir), mit seinen 8125 m ist er der einzige Achttausender im Westhimalaya. Der Nanga Parbat (= »nackter Berg« in Hindi) ist der »Schicksalsberg der Deutschen«, weil hier in den 1930er Jahren verschiedene deutsche Expeditionen bei den Versuchen einer Erstbesteigung scheiterten. Erst 1953 gelang es dem Tiroler Hermann Buhl, den Gipfel zu erreichen. Der Berg zeichnet sich durch seine große Höhendifferenz zum nur wenige Kilometer entfernten Industal aus – knapp 7000 m. Allein die mächtige Südwand hat eine Höhe von 4500 m und ist damit die höchste Gebirgswand der Welt. Wegen seiner schlechten Wetterverhältnisse und der ständigen Gefahr durch Lawinen und Steinschlag ist der Nanga Parbat selbst auf der Normalroute weiterhin ein selbst unter Extrembergsteigern gefürchteter Gipfel. Die Fahrt auf dem Karakorum Highway erreicht eine weitere Stunde nach dem Blick auf den Nanga Parbat die Kleinstadt Chilas, wo sich der Verwaltungssitz der Region Diamir befindet. In der Nähe der Stadt soll der Indus durch den 272 m hohen Diamir-Basha-Staudamm aufgestaut werden, um dringend benötigte Energie für Pakistan zu erzeugen.

Truck auf dem Karakorum Highway, Pakistan

Taxila – die buddhistische Universität

Obwohl Pakistan heute ein islamisches Land ist, wird bei der Fahrt von Chilas bis zur nur 35 km nordwestlich der Hauptstadt Islamabad gelegenen archäologischen Stätte Taxila deutlich, dass dieses Gebiet eine bedeutende buddhistische Geschichte hat. Vor allem auf der östlichen Seite des Indus findet man immer wieder südlich von Chilas Felsritzungen und ganze Bilder mit buddhistischen Motiven: Buddhas, Bodhisattvas, Stupas und andere Symbole wie das Rad der Lehre. Diese Bildwerke stammen vor allem aus dem 1.–5. Jahrhundert, der Blütezeit des Buddhismus und der Zeit der chinesischen Pilger, die von Norden durch die Karakorumschlucht zur buddhistischen Universitätsstadt Taxila kamen.

Taxila ist das Zentrum der Gandhara-Kultur. Sie kennt zwei Blütezeiten: Zum einen ist dies das 6.–4. Jahrhundert vor Christus, als das Gebiet von Taxila zwar offiziell persische Kolonie war, aber durchaus Eigenständigkeit aufwies. Diese endete mit der Eroberung durch Alexander dem Großen im Jahr 326 v. Chr., doch gelangte der Ort schon bald in die Einflusssphäre der indischen Mauriya-Dynastie und damit des frühen Buddhismus. Dies blieb auch so, als baktrische

Buddhistische Felsritzungen im Indus-Tal, Pakistan

Buddha und Gefährten, 5. Jh. n. Chr., Taxila, Pakistan

Griechen das Gebiet zurückeroberten und wenig später (78 n. Chr.) das Kushana-Reich errichtet wurde. Nun begann die zweite Blütezeit Taxilas als Universitäts- und Kunststadt, die wesentlich zur Entwicklung des Buddha-Bildnisses beitrug. Heute sind in Taxila die Relikte der verschiedenen Zeiten zu sehen: Bhir Mound – die älteste Stadt, Sirkap – die Stadt der Griechen, Sirsukh – die Kushana-Stadt mit dem Kloster Jaulian und dem Stupa von Mohra Moradu.

Der Weg durch den Punjab

Mit Taxila ist das Tiefland erreicht, der Weg führt nun weiter nach Islamabad und Rawalpindi, dann durch den pakistanischen Teil des Punjab bis nach Lahore. Im indischen Teil des Punjab geht der Weg weiter von Amritsar bis nach Dehli in das Yamuna-Gebiet.

Der Punjab (= »Fünfstromland«) ist ein Schwemmlandgebiet östlich des Indus, das von fünf Zuflüssen des Indus geprägt ist: Jhelam, Chanab, Ravi, Beas und Satluj. Dadurch ergibt sich zwischen den Flüssen ein riesiges Gebiet (über 100 000 km^2), in dem die Landwirtschaft auf künstliche Bewässerung angewiesen ist – das größte Bewässerungsgebiet der Welt. Es verwundert deshalb nicht, dass der Punjab bereits seit uralter Zeit besiedelt ist – zur Zeit der Indus- und Harappakultur (2600–1800 v. Chr.) lag hier einer der vier Zivilisationsschwerpunkte der Welt. Das änderte sich auch nach der Einwanderung der Indoarier nicht, der Punjab wurde zum Kristallisationspunkt der indisch-hinduistischen Reiche, die sich allerdings bald nach Osten ausdehnten. Ab dem 8. Jahrhundert n. Chr. wuchs in diesem Gebiet der muslimische Einfluss; im Jahr 1206 wurde das Sultanat Dehli errichtet, von 1526–1858 folgte die Herrschaft der Moguln. 700 Jahre lang regierte eine muslimische Oberschicht über ein weithin hinduistisches Volk. Die Spannung zwischen dem muslimischen und hinduistischen Bevölkerungsteil wurde während der britischen Kolonialzeit überdeckt, brach jedoch nach der Unabhängigkeit 1947 mit Heftigkeit wieder aus. Das Ergebnis war die Teilung Britisch-Indiens in die Staaten Indien und Pakistan, auch der Punjab wurde dabei geteilt.

König-Feisal-Moschee, Islamabad, Pakistan

Islamabad, die Hauptstadt Pakistans, ist eine erst 1960 gegründete Stadt mit ca. 700 000 Einwohnern ohne große Sehenswürdigkeiten; allein die riesige König-Faisal-Moschee beeindruckt – 75 000 Gläubige haben in ihr und ihrem Hof Platz. Anders ist die Partnerstadt Rawalpindi, eine quirlige Millionenstadt mit alter Geschichte und einigen Bauwerken aus alter Zeit. Diese wird übertroffen durch Lahore, den Grenzort auf pakistanischer Seite (auf indischer Seite liegt Amritsar). Lahore ist mit 7,5 Millionen Einwohnern die zweitgrößte Stadt Pakistans und zugleich ein altes politisches Zentrum sowie vor allem der religiöse Mittelpunkt des indischen Islam. Das Fort, Shahi Qila genannt, kündet von glanzvollen Zeiten der Stadt.

Ganz anders Amritsar: Hier ist weder muslimischer noch hinduistischer Einfluss vorherrschend, sondern der Glaube der Sikhs, der sich im 16. Jahrhundert durch Guru Nanak (1469–1539) entwickelte. Der Goldene Tempel der Sikhs ist das höchste Heiligtum dieser Religion; die Mehrheit der Bevölkerung im indischen Bundesstaat Punjab bekennt sich zum Sikhismus. Weiter im Osten jedoch herrscht der Hinduismus vor. Überall finden sich bedeutende Tempel für Vishnu oder Krishna, Shiva oder Durga, zu denen Pilger von weither kommen. Den Buddhismus dagegen findet man heute nur nördlich des Punjab in Himachal Pradesh bei den Exiltibetern. Der Punjab ist ein Schmelztiegel verschiedener Religionen, bleibt aber damit auch ein Konfliktherd der Region.

▶ Lahore Fort, Pakistan (Nachbildung auf der Weltausstellung 2010 in Shanghai ▶▶ Goldener Tempel der Sikhs, Amritsar, Indien ▶▶▶ Pilger im Jawalamukhitempel, Himachal Pradech, Indien

Entlang der Yamuna und des Ganges

Die nordindische Tiefebene wird von den Strömen Yamuna und Ganges beherrscht. Die Yamuna mit 1376 km Länge ist der wichtigste Nebenfluss des Ganges (2620 km), beide entspringen im Himalaya. An der Yamuna befinden sich die Städte Dehli, Mathura und Agra; bei Allahabad fließt die Yamuna in den Ganges. Dort ist alle zwölf Jahre das zwischen vier verschiedenen Orten (Allahabad, Haridwar, Ujjain, Nashik) wechselnde Fest der Kumbh Mela, das größte Pilgerfest der Welt mit vielen Millionen Besuchern, vielfach größer als die Hadsch in Mekka. Aus ganz Indien kommen Pilger und Sadhus, heilige Männer, zur Mela zusammen, um in den heiligen Flüssen Ganges, Yamuna, Godavari und Shipra zu baden. Die Kumbh Mela in Allahabad ist dabei die größte, weil hier nach hinduistischer Vorstellung nicht nur Ganges und Yamuna, sondern auch der unterirdische mythologische Fluss Saraswati zusammenfließen. Der Name Kumbh Mela bedeutet »Fest des Kruges« und erzählt von einer alten Mythologie, nachdem die Götter beim Quirlen des Milchozeans den Unsterblichkeitstrank Amrita gewannen, dabei aber vier Tropfen dieses Trankes auf die Erde fielen – an diesen Stellen findet heute die Kumbh Mela statt. Das Bad im heiligen Fluss gehört zu den wichtigsten Praktiken des Hinduismus (vgl. Seite 102f. zu Varanasi).

Humayuns Tomb, Dehli, Indien

Die Stadt Dehli ist mit ca. 17 Millionen Einwohnern nach Mumbai die zweitgrößte indische Stadt. Sie blickt auf eine alte Geschichte zurück – und somit gibt es eigentlich nicht nur ein Dehli, sondern insgesamt acht heute ineinander verwobene Hauptstädte. Bereits 1200 v. Chr. wird eine Stadt Indraprastha in der Region erwähnt; Hauptstadt der Pandawas, von denen im Mahabharata erzählt wird, der Gründungslegende Indiens und des Hinduismus. Im Jahr 736 wird das erste historische Dehli unter dem Namen Lal Kot gegründet, ab dem 12. Jahrhundert folgen weitere Residenzstädte für die muslimischen Herrscher. Die Mogulherrscher regierten abwechselnd von Dehli, Agra und Fatehpur Sikri aus; ab 1806 wurde Dehli britisch, aber nicht Hauptstadt des britisch-indischen Kolonialreiches (das war Kolkata/Kalkutta). Erst 1911 wurde der Regierungssitz nach Dehli verlegt. Über das weitläufige Stadtgebiet sind viele historische Bauwerke und archäologische Stätten verteilt.

Agra, 200 km südlich von Dehli, ist durch das Mausoleum Taj Mahal bekannt, das der Mogulherrscher Shah Jahan (1592–1666) für seine Gattin errichten ließ, dazu durch das gewaltige Rote Fort, das größer ist als die gleichnamige Residenz in Dehli. Agra ist eine alte Stadt, doch ihre Blütezeit hatte sie erst unter den Mogulherrschern von Akbar (1556–1605) bis Aurangzeb (1618–1707). Nördlich von Agra liegt Mathura, der legendäre Geburtsort des Gottes Krishna und heute mit seinen Tempeln ebenfalls ein hinduistischer Pilgerort.

Kumbh Mela in Allahabad am Zusammenfluss von Yamuna und Ganges, Indien

Varanasi, die heilige Stadt

Varanasi, die heilige Stadt der Hindus, am heiligen Fluss Ganges gelegen, ist auch als Benares oder Kashi bekannt. Der Name Varanasi kommt von den beiden Flüssen Varana und Asi, die dort in den Ganges münden. Varanasi wird bereits im Nationalepos Indiens, dem Mahabharata (Abfassungszeit zwischen 400 v. und 400 n. Chr.), erwähnt. Der Name Benares ist eine Abwandlung von Varanasi, die vor allem von den Muslimen und Engländern (also aus indischer Sicht: den Fremdherrschern) gebraucht wurde und deshalb heute nicht mehr verwendet wird. Der Name Kashi bedeutet »Licht« – Varanasi ist die »Stadt des Lichts«, der heiligste Ort Indiens, der Ort der Begegnung mit den Göttern, besonders mit Shiva Vishvanat, dem »Obersten Herrn der Welt«.

Einmal im Leben ein Bad im Ganges in Varanasi – das hat für die Hindus in etwa die gleiche Bedeutung wie für Muslime, einmal im Leben auf einer Hadsch nach Mekka gekommen sein. Das Bad im Ganges und die Verbrennung nach dem Tod am Ufer des Ganges soll nach hinduistischer Auffassung sofort die Befreiung aus dem Kreislauf der leidvollen Wiedergeburten bewirken. Deshalb ist Varanasi das Ziel von Millionen hinduistischen Pilgern, die entlang der kilometerlangen Badeghats am Ganges morgens beim ersten Sonnenlicht beten und sich rituell im Wasser des Ganges reinigen. Die Göt-

Sadhus am Ganges, Varanasi, Indien

ter bzw. das Göttliche in vielen Erscheinungsformen wird in Pujas verehrt – in den vielen Tempeln der Stadt, aber vor allem am heiligen Fluss. Nur wenige Meter neben den Badestellen sind die Verbrennungsstätten zu finden; aufgeschichtetes Sandelholz lodert auf, die Asche der Verstorbenen wird in den Ganges gestreut.

An den Ghats des Ganges in Varanasi, Indien

Über Jahrhunderte ist die Uferbebauung des Ganges gewachsen, Ghats (Badestellen) mit hohen Treppen (wegen des steigenden Wassers im Monsun), Unterkünfte, Tempel, Verbrennungsstätten prägen das Bild der Stadt. In der Nähe der Ghats findet sich der große Goldene Tempel Shivas, der Vishvanath-Tempel; dazu kommen über die ganze Stadt verstreut viele hundert kleine Tempel, die meist Shiva bzw. seiner Gattin in der schrecklichen Erscheinungsweise (Durga/Kali) gewidmet sind. Ein Tempel, der »Mutter Indien Tempel«, beherbergt statt Götterbildern eine Reliefkarte des indischen Subkontinents. Ein anderer Tempel verehrt den Affengott Hanuman. Zu den hinduistischen kommen auch wenige Jaintempel und einige buddhistische Stätten.

Und überall gibt es Pilger, die die Götter verehren und sich gegenseitig wünschen: »Mögest du erfüllt sein vom Licht des Göttlichen, so wie ich mich dem Licht des Göttlichen öffne!«

Lumbini, Bodh Gaya, Sarnath und Kushinagara

Von Varanasi aus erreicht man in jeweils wenigen Stunden Fahrzeit die vier heiligen Orte des Buddhismus, die von Pilgern häufig besucht werden (wie Mekka von Muslimen, wie Jerusalem von Christen):

- *Lumbini* – Ort der Geburt des Siddhartha Gautama,
- *Bodh Gaya* – Ort der Erleuchtung: Siddhartha wird zum Buddha, zum Erleuchteten,
- *Sarnath* – Ort der ersten Lehrrede des Buddha,
- *Kushinagara* – Ort des Todes des Buddha, seines Eingangs ins Paranirvana.

Lumbini ist nicht der Heimatort des Siddhartha Gautama, der später der Buddha, genannt wird, dies ist Kapilavastu. Doch als seine hoch schwangere Mutter Maya zu ihren Eltern unterwegs war, kam in einem Salawäldchen die Zeit der Geburt. Das Salawäldchen gibt es nicht mehr. Der zum Buddhismus konvertierte indische Kaiser Ashoka hat um 250 v. Chr. an der Stelle der Geburt des Buddha eine seiner vielen Gesetzessäulen aufgestellt, in denen er das buddhistische Prinzip der Gewaltlosigkeit als Gesetz seines Reiches verkündete. Das Löwenkapitell dieser Säule ist nicht mehr am Ort, aber die Säule selbst ist noch vorhanden – von tibetischen Gebetsfahnen geschmückt.

▶ Lumbini – Geburtsort des Siddhartha Gautama, Nepal

▶▶ Bodh Gaya – Erleuchtungsort des Buddha, Indien

Bodh Gaya (ursprünglich *Uruvilva*) ist eine kleine Stadt, etwa 250 km südöstlich von Varanasi. Hier fand Siddhartha Gautama zur Erleuchtung und wird seitdem der Buddha genannt. Heute gibt es in der Pilgerstadt eine Vielzahl verschiedener buddhistischer Tempel einzelner Nationen (etwa

Thailand, Japan, Tibet, Bhutan). Zentrum dieses Pilgerortes ist der Mahabodhi-Tempel (»Tempel der großen [maha] Erleuchtung [bodhi]«) – ein Weltkulturerbe. Hinter dem Tempel steht der große Bodhi-Baum, ein Ableger des Bodhi–Baums, unter dem Siddhartha zur Erleuchtung kam. Bereits seit der Zeit von Kaisers Ashoka wird dieser Ort verehrt. Der heutige Tempel mit seinem 55 m hohen Tempelturm wurde erstmalig im 2. Jahrhundert nach Christus errichtet. Nach seinem Verfall während der Mogulherrschaft wurde er Ende des 19. Jahrhunderts restauriert.

Sarnath hieß früher Rishipatana – Wald der Weisen, weil sich in diesem Wald 15 km nördlich von Varanasi viele Sadhus aufhielten. Es ist der Ort der ersten Predigt des Buddha; dort überzeugte er fünf Asketen von seiner Lehre. Heute finden sich am Ort der ersten Predigt des Buddha ein großer Stupa und die Grundmauern verschiedener Klöster. Sarnath wird – anders als Varanasi und Bodh Gaya – wenig besucht und ist nach wie vor ein Ort der Stille.

Kushinagara: Nach seiner Erleuchtung zog der Buddha 45 Jahre durch das Mittlere Land nördlich und östlich von Varanasi. Mit 80 Jahren starb er im Ort Kushinagara. Buddhisten nennen sein Sterben den Eingang in das Paranirvana, in das endgültige Nirvana. An diesem Ort stehen heute ein Tempel mit Tonnendach und ein Stupa direkt daneben. Etwas entfernt ist ein riesiger, aber weithin verfallener Stupa aus Backsteinen, der den Ort der Verbrennung des Buddha markiert. Seine Asche wurde später auf acht verschiedene Orte verteilt, aber Reliquien des Buddha finden sich vielfach in Asien. Im Paranirvana-Tempel liegt ein mehrere Meter langer Buddha, vergoldet und immer mit Blumen geschmückt.

▶ Sarnath – Ort der ersten Predigt
▶▶ Kushinagara – Ort des Eingangs ins Paranirvana, Indien

Nalanda – das buddhistische Zentrum

Nalanda liegt 90 km südlich von Patna, der am Ganges gelegenen Hauptstadt des Bundesstaates Bihar. Von frühester buddhistischer Zeit bis ins 12. Jahrhundert war Nalanda *die* buddhistische Lehrstätte, gefolgt von Taxila (vgl. Seite 96f.). Hier, nicht weit von Rajagriha, wo der Buddha häufig auf dem Geiergipfel seine Schüler lehrte, studierten in der Blütezeit mehr als 10 000 Studenten. Ausgedehnte Klosteranlagen mit deutlich sichtbaren Mönchszellen und größeren Hallen für die Lehrveranstaltungen, dazu Stupas, Stupikas (kleine Stupas oft in großer Zahl) und Tempelanlagen, teilweise noch mit aus Stein geschlagenen Buddhafiguren geschmückt, erinnern an die Zeit vor dem Untergang des Buddhismus in Indien. Die Schulrichtungen des Theravada wie des Mahayana waren beide in Nalanda vertreten, konfessionelle Streitigkeiten gibt es im Buddhismus nicht.

Besonders in der Anfangszeit des Buddhismus in China kamen chinesische Mönche über die Seidenstraße und ihren Karakorumweg nach Nordindien bis nach Nalanda, um hier (und in Taxila) genauer die für China am Anfang noch fremde Lehre zu studieren und vor allem buddhistische Schriften (Sutras des Mahayana) nach China zu transportieren, wo sie von den Mönchen aus dem in Indien gelernten Sanskrit ins Chinesische übersetzt wurden. Besonders zwei Mönche sind durch ihre Reiseberichte bekannt:

Kloster 6, Nalanda, Indien

- *Faxian* (»Dharmaglanz«, 337–422) reiste von 399 bis 422 nach Nalanda, kam aber auch südwärts bis Sri Lanka und ostwärts bis Su-

Xuangzang auf dem Rückweg nach China, beladen mit buddhistischen Handschriften, erfüllt vom Geist des Buddha (kleines Bild); der Tiger ist das Zeichen seiner spirituellen Kraft, Wandbild aus den Mogao-Grotten bei Dunhuang, China

matra. In der heutigen chinesischen Provinz Shandong übersetzte er das von ihm gesammelte buddhistische Material.

- *Xuanzang* (603–664) reiste von 629 bis 645 über die Seidenstraße nach Nordindien und zurück. 13 Jahre studierte er in Taxila, dann in Nalanda, bevor er mit einer kleinen Karawane und 657 buddhistischen Handschriften nach Chang'an (Xian) zurückkam und diese in der Großen Wildganspagode (vgl. Seite 49) übersetzte.

Der Weg durch Zentralasien

In der westchinesischen Stadt Kashgar teilt sich der Weg der Seidenstraße in den südlichen Abzweig nach Nordindien und in die nach Westen führende Hauptroute der Seidenstraße. Diese Route, von Kashgar nach Istanbul ca. 5600 km, verbindet China mit Europa, doch gibt es hier keinerlei chinesischen Einfluss mehr, sondern im heutigen Erscheinungsbild ein zentralasiatisches-muslimisches Bild. Dies ist allerdings nicht mit dem Erscheinungsbild der Seidenstraße in der alten Zeit identisch; vielmehr sind die meisten heutigen Bauten – wie auch Gur-Emir im nebenstehenden Foto – erst nach der Seidenstraßenzeit, also nach dem 15. Jahrhundert, entstanden. Dennoch vermitteln die bedeutenden Orte wie etwa die drei usbekischen Städte Samarkand, Buchara, Chiwa einen faszinierenden Eindruck von Handelsorten auf der Route der Seidenstraße.

Der zentralasiatische Weg berührt die heutigen Länder Kirgistan, auf einer Nordroute auch Kasachstan, dann Usbekistan, Turkmenistan und Iran, auf der nördlich des kaspischen Meers verlaufenden Nebenroute auch Russland. Im Iran teilt sich der Weg wiederum in eine direkte Route zum Mittelmeer über Irak, Syrien und den Libanon und in eine nördliche Route über Armenien, Georgien und das Schwarze Meer, die bei politischen Widrigkeiten im Vorderen Orient genutzt werden musste. Außerdem gibt es einen Weg der Seidenstraße in den südlichen Iran, wo ab der Hafenstadt Bandar Abbas ein Seeweg durch das Arabische und Rote Meer bis nach Ägypten führte, von dort ging es auf dem Land in Karawanen bis zum Mittelmeer.

Die Geschichte des zentralasiatischen Gebiets (vgl. Seite 36ff.) ist komplex. Nur zur Mongolenzeit (13.–14. Jahrhundert) war ein ungehinderter Transport von Waren von China bis nahe ans Mittelmeer gesichert. In allen anderen Zeiten wechselten die Karawanenwege häufig, weil Kriege und Rivalitäten der herrschenden Großmächte eine direkte Route unmöglich machten. Dies führte dazu, dass die Seidenstraße nicht aus einem einzigen Karawanenweg bestand, sondern ein Netz von Wegen war, die unterschiedliche Handelsorte berührten. End- und Zielpunkt dieser Ost-Weststrecke waren immer China und der Mittelmeerraum (vgl. Seite 24f.)

Gur-e Amir: Mausoleum von Timur Lenk,
Samarkand, Usbekistan

Der kirgisische Alatau und der Yssykkölsee

In Kirgistan (auch Kirgisien und Kirgisistan genannt) wohnen auf ca. 200 000 km² nur 5,5 Millionen Einwohner. Die Mehrheit (ca. 65 %) von ihnen sind Kirgisen, ein Turkvolk, das aus dem weiter östlichen Altai-Gebirge stammt, der ursprünglichen Heimat aller Turkvölker. Die Kirgisen sind weithin sunnitische Muslime. Eine bedeutende Minderheit in Kirgistan sind mit jeweils ca. 13 % die sunnitischen Usbeken und die orthodox-christlichen Russen, die ab der zweiten Hälfte des 19. Jahrhunderts in die zentralasiatischen Gebiete einwanderten – ihre Zahl geht aber zurück. Nach dem Zusammenbruch der Sowjetunion wurden 1991 die zentralasiatischen Staaten Kirgistan, Kasachstan, Usbekistan, Turkmenistan (alles Turkvölker) und Tadschikistan (ein persischsprachiges Bergvolk) unabhängig, diese Staaten werden zumeist von autoritären Präsidenten regiert. Allein in Kirgistan wurde nach der Tulpenrevolution 2005 und dem Umsturz 2010 ein eher demokratisches System eingeführt – das Land ist nun eine parlamentarische Republik.

Das Bergland Kirgistan ist landschaftlich sehr unterschiedlich: In den tieferen Regionen (d.h. ca. 1500–2000 m Höhe) herrschen weite Steppen und alpine Wiesen vor (vgl. Seite 114f.), darüber gibt es bis ca. 3000 m Wälder und Sträucher. Überragt werden die be-

Kirgisische Landschaft und Alatau-Gebirge, Kirgistan

waldeten Gebiete von den Hochgebirgen – dies sind die Ausläufer des Tian Shan, eines Gebirges, dessen Hauptteil in China nördlich der Taklamakan-Wüste liegt. In Kirgistan heißt der westliche Teil des Tian Shan meist Kirgisisches Alatau-Gebirge; der höchste Berg dieser Kette, der 4895 m hohe Pik Semjonow-Tjan-Schanski, liegt südlich der kirgischen Hauptstadt Bishkek. Andere Ausläufer des Tian Shan, die nur teilweise auf kirgisischem Gebiet liegen, teilweise auf chinesischem oder kasachischem, heißen Kunjew-Alatau (bis 4771 m), Talas-Alatau (bis 4484 m), Terskej-Alatau (bis 5216 m) und Transili-Alatau (bis 4978 m).

Eingebettet in diese malerische und teilweise noch vergletscherte Gebirgswelt liegt der weite Yssykkölsee. Er ist nach dem Titicacasee in Südamerika mit 6236 km^2 Fläche der zweitgrößte Gebirgssee der Welt (zum Vergleich: Bodensee = 536 km^2). Der ca. 180 x 60 km große Yssykköl erreicht eine Tiefe von bis zu 688 m (Bodensee 251 m). Der See ist heute Naturschutzgebiet, sein nördliches Ufer wird für Sommer- und Wintertourismus ausgebaut.

Kirgistans Wirtschaft lebt im Wesentlichen von der Landwirtschaft, nur im Norden gibt es auch Industrie, im Bergland dazu etwas Bergbau – Kohle, Uran und seltene Erden werden gefördert. Auch gibt es große Funde von Gold. Die Entwicklung des Landes ist durch den Konflikt zwischen Kirgisen und Usbeken im Süden nach wie vor beeinträchtigt.

Yssykölsee und Alatau-Gebirge, Kirgistan

Die Bilder von Chopol Ata

▶ Chopol Ata
▶▶ Steinritzung
▶▶▶ junge Kirgisin

Am Nordufer des Yssykkölsees liegt in einer malerischen Berglandschaft eine Hochfläche mit großen, durch Gletscher abgerundeten Steinbrocken, Chopol Ata (auch Tscholponata) genannt. In der Zeit des nomadischen Reitervolkes der Skythen (8.–4. Jahrhundert v. Chr.), die die weiten Steppen vom Altaigebirge bis nach Südrussland nördlich des Schwarzen Meeres beherrschten, wurden hier in diese Felsen etwa 2000 Felsritzungen eingebracht. Meist sind es Tiere, die für die Skythen bedeutsam waren, wie Pferde und Kamele, aber auch Tiere, die sie auf der Jagd erlegten, wie Steinböcke. Manche der Steine sind auch zu Steinkreisen zusammengelegt, sodass sich die Vermutung aufdrängt, dass hier schamanistische und animistische Rituale für eine bessere Jagd durchgeführt wurden. Auch gibt es Grabhügel (Kurgane), die allerdings keinen Inhalt mehr aufwiesen – anders als der 2001 entdeckte sensationelle Schatzfund im Tal der Zaren in Südsibirien (beim Ort Arschan in der russischen Republik Tuwa). Sowohl im Altaigebirge wie auch nördlich des Schwarzen Meeres hat man archäologische Spuren der Skythen entdeckt. Die Steine von Chopol Ata sind ein weiteres, wichtiges Zeugnis dieses Volkes.

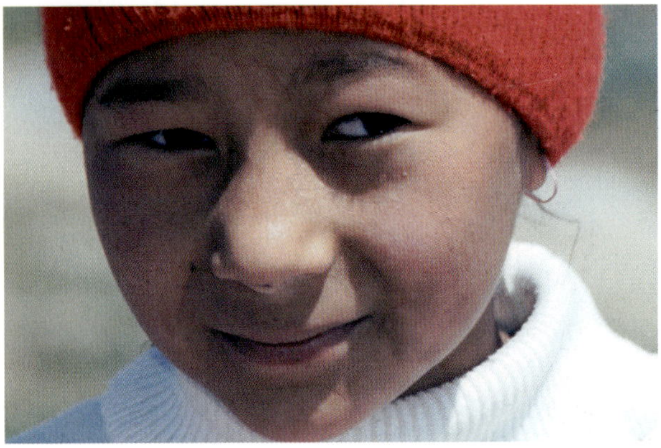

Viel später, zur Zeit der chinesischen Tang-Dynastie im 6.–9. Jahrhundert, wurde dieses Gebiet von einem alttürkischen Volk beherrscht, das ebenfalls aus dem Altaigebirge stammte – die Kök-Türken (auch Gög-Türken). Der Name wird unterschiedlich abgeleitet: von alttürkisch für »blau, Himmel«, also »Himmelstürken«, aber auch von »mächtig, stark«. Die Kök-Türken waren zum einen ein Zusammenschluss von einzelnen, voneinander unabhängigen Stämmen; es gab aber auch eine stammesübergreifende Kriegerkaste, die unter der Leitung eines Anführers (Khan) die Plünderungsfeldzüge der Türken durchführte, etwa nach Nordchina, wo sie in den Annalen bereits im 6. Jahrhundert als »tujue« benannt und als gefährliche Invasoren im Norden des chinesischen Reiches bezeichnet werden. Als Jahr der Reichsgründung eines Kök-Türken-Reiches durch den Khan Bumin wird 552 n. Chr. angegeben. Dieses Reich zerbrach nach heftigen Wirren im Jahr 742, doch hielten sich kök-türkische Stämme im Gebiet des heutigen Kirgistans noch länger.

Kugelkopf der Kök-Türken, Balbal genannt,

Die Kök-Türken hatten eine eigene Buchstabenschrift, die Orchon-Runen, deren früheste Beispiele im Gebiet des Yssykkölsees entdeckt wurden. Erst 1893 wurde diese Schrift durch den dänischen Sprachforscher Thomsen entziffert. Ein anderes kulturelles Zeugnis dieses frühtürkischen Volkes sind Steinsetzungen in der Nähe von Tokmok auf halbem Weg von der Hauptstadt Bishkek zum Yssykkölsee. Dort gibt es zum einen den minarettähnlichen, ursprünglich 40 m hohen Burana-Turm aus dem 10. Jahrhundert. Zum anderen gibt es Steinfiguren, die wohl Grabstelen waren und die als Kopf oder ganze Figur die dort beigesetzten Herrscher symbolisieren – heute über eine große Wiese verstreut.

Die Steppen Kirgistans

Verlässt man das Gebiet des Alatau und des Yssykkölsees nach Nordwesten, so gelangt man über Tokmok nach Bishkek, der Hauptstadt Kirgistans mit ca. 900 000 Einwohnern, auf einer Höhe von 800 m gelegen. Obwohl fast eine Millionenstadt, so zeigt sich Bishkek mit vielen Parks und Grünanlagen als eine freundliche Stadt, zudem in einer angenehmen Höhe gelegen. Bishkek wurde in Sowjetzeiten Frunse genannt – nach einem sowjetischen Militär; seit der Unabhängigkeit heißt die Stadt wieder mit ihrem alten kirgisischen Namen Bishkek. Bis auf ein Historisches Museum mit archäologischen Exponaten (auch Beispielen der Steinsetzungen der Kök-Türken) und einem Museum für Bildende Künste mit Werken russischer Künstler des 20. Jahrhunderts bietet Bishkek wenig Sehenswürdigkeiten, dafür gute Erholung auf dem langen Weg der Seidenstraße.

Nördlich der Stadt finden sich die weiten Grasflächen, die vor allem das nahegelegene Kasachstan prägen und bis Südrussland reichen. Dies war das weite Feld, über das die antiken Reiternomaden (etwa die Xiongnu im Norden Chinas, die in Europa mit den Hunnen verbunden wurden), später die mongolischen Heere des Dschingis Khan, schließlich die verschiedenen Turkvölker von Ost nach West zogen. Durch diese weiten Ebenen führte zu manchen Zeiten

In Kirgistan

eine Nordroute der Seidenstraße, die von den geografischen Bedingungen her einfacher war als die Hauptroute. Diese jedoch – und wir werden ihr folgen – berührte die großen Handelsorte im Inneren Zentralasiens und war deshalb wirtschaftlich bedeutsamer.

Von Bishkek geht demnach der Weg über die Berge, Ausläufer des Tian Shan bzw. Alatau, nach Südwesten. Nach gut 600 km, für die man auf der Straße mindestens einen Tag braucht, gelangt man zur 250 000 Einwohner zählenden Stadt Osch. Diese Stadt kennt eine gemischte Bevölkerung nicht nur aus Kirgisen und Russen, sondern auch aus Usbeken, denn die kirgisisch-usbekische Grenze ist nicht weit. Osch gehört bereits zum Ferghana-Becken und bildet die östliche Grenzstadt dieses abgeschlossenen Gebietes. Osch war in der Blütezeit der Seidenstraße ein wichtiger Handelsort, wo die chinesischen Händler aus dem Osten ihre Waren mit den aus dem Westen kommenden zentralasiatischen Händlern tauschten. Nicht weit von Osch findet sich die alte Stadt Usgen, ein Zentrum des mittelalterlichen Reiches der Karakhaniden (vgl. Seite 124f.); heute sind dort vor allem deren Mausoleen zu sehen.

Bishkek – die Hauptstadt Kirgistans

In Kirgistan

Das Ferghanatal

Unmittelbar bei Osch verläuft die Grenze zwischen Kirgistan und Usbekistan. Nach Westen öffnet sich das etwa 300 km lange und 100 km große Ferghanatal, das im Norden vom Talas-Alatau, dem westlichsten Ausläufer des Tian Shan, im Süden vom Alaigebirge begrenzt wird. Etwa zehn Millionen Menschen wohnen in den Städten und Ortschaften dieses Tals, meist Usbeken und Kirgisen, aber auch Minderheiten anderer zentralasiatischer Völker. Diese Menschen sind Muslime; es gibt unter ihnen sehr streng islamische Gruppen, was immer wieder zu Unruhen führt, die von der usbekischen Regierung mit harter Hand niedergeschlagen werden. Nach Norden hin durch die Berge abgeschirmt ist das Land sehr fruchtbar; Obst, Gemüse, Maulbeerbäume und auch Baumwolle werden angepflanzt, es gibt in Ansätzen auch Industrie. Ein Problem ist die schlechte Verkehrsanbindung, da das Tal von Gebirgen eingeschlossen ist. Auch Taschkent im Westen ist nur über eine Bergstraße erreichbar.

Bereits aus der Bronzezeit stammen die ersten Funde menschlicher Kultur in diesem Tal. Wichtig war das sogdische Reich, das ab dem 4. Jahrhundert bis weit nach der Zeitenwende existierte und damit auch den Beginn der Seidenstraße beeinflusste. Nach den sogdischen Fürstentümern kamen die Uiguren, dann die Kök-Türken und am Ende der Seidenstraßenzeit die Timuriden von Samarkand aus.

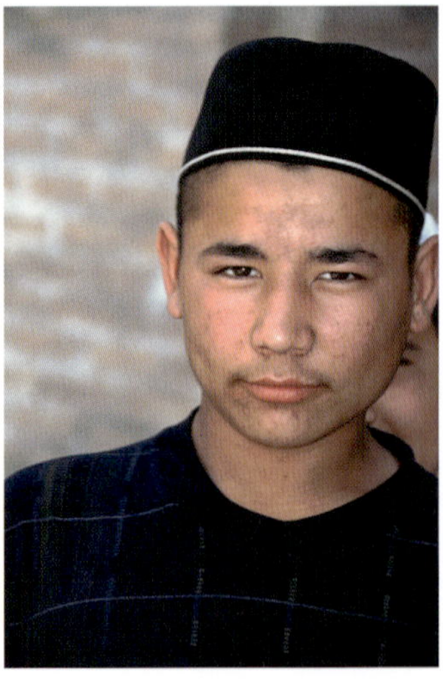

Im Ferghanatal: ▶ Seidenweberei ▶▶ Markt ▶▶▶ Medrese Narbutabek, Kokand, Usbekistan

Die mittlere Stadt Ferghana ist die Bezirkshauptstadt dieses Gebietes, stammt aber erst aus dem 19. Jahrhundert. Dagegen hat das fast gleich große Kokand (auch Qo'qon, 200 000 Einwohner) eine alte Geschichte, die urkundlich bis auf das 10. Jahrhundert zurückgeht, wahrscheinlich aber viel älter ist. Hier war der Haupthandelsplatz der Seidenstraßenzeit im Ferghanatal. Erst in der Neuzeit wurde Kokand das Zentrum eines mehr oder weniger eigenständigen Khanats, das 1876 durch die russische Besetzung aufgelöst wurde. Die Sehenswürdigkeiten der Stadt stammen meist aus dem 19. Jahrhundert.

Eingangsiwan zum Mausoleum Dachma-i-Schochon, Kokand, Usbekistan

Wichtig sind dabei die islamischen Bauten: Medresen und Mausoleen. Die Medresen (arabisch »Madrasa«) sind islamische Hochschulen, die vor allem der religiösen Bildung dienen und für die Ausbildung von Imamen genutzt werden. In Kokand ist die bedeutendste dieser Koranschulen die Medrese Narbutabek, ein Gebäudekomplex mit eigener Moschee, Lehrräumen und rund um einen Innenhof angesiedelt den Wohnzellen für Lehrer und Studenten – ein Aufbau, der sich in ganz Zentralasien, aber auch in Nordafrika findet. Die Eingänge liegen in vier Iwanen in den vier Himmelsrichtungen – hohen, nach außen hin offenen und reich mit bunter Kachelarbeit geschmückten Toren, vergleichbar den Portalen der gotischen Kathedralen.

Das Ferghanatal ist für zwei Produkte besonders bekannt: Zum einen findet sich hier die in der Geschichte erste außerchinesische Seidenproduktion, die auch heute noch besteht. Zum anderen gibt es in Ferghana eine ebenso alte Keramik-Produktion mit ganz eigenen Formen und Farben.

Samarkand – Afrasiab – Marakanda

Usbekistan, wie die anderen zentralasiatischen Staaten seit 1991 unabhängig, hat heute auf ca. 447 000 km² ca. 30 Millionen Einwohner. Die Usbeken sind ein sunnitisch-islamisches Turkvolk, im Land wohnen aber auch Minderheiten – Kirgisen und Kasachen, Tadschiken und Turkmenen, dazu kommen etwa 5 % Russen. Die Ost-West-Ausdehnung des Landes beträgt ca. 1200 km, in dieser Richtung verläuft auch der größte Fluss des Landes, der Amudarja (vgl. Seite 126f.). Der größte Teil des Landes ist die Kysylkumwüste im Westen südlich des Aralsees. Wirtschaftlich bedeutsam, aber mit problematischen Umweltfolgen ist der Baumwollanbau; zudem werden Erdgas, Erdöl und einige Metalle gefördert.

▶ Der Registanplatz im Zentrum von Samarkand ▶▶ alter Koran in der Shir-dar-Medrese, Samarkand, Usbekistan

Taschkent ist die heutige Hauptstadt Usbekistans, doch geschichtlich wie kulturell bedeutsamer ist Samarkand (auch Samarqand), eine Oasenstadt mit ca. 350 000 Einwohnern. Die Stadt wurde im 8. vorchristlichen Jahrhundert als Afrasiab gegründet. Von dieser Siedlung finden sich nördlich des heutigen Samarkand archäologische Stätten. Alexander der Große kam 329 v. Chr. nach Afrasiab, die Stadt wurde von den Griechen Marakanda genannt. Den Griechen folgten die Kuschaner, dann die persischen Sasaniden, eine kurze Zeit die Chinesen und schließlich im 7. Jahrhundert die Araber; das Gebiet von Sogdien, zu dem Samarkand gehört, kam 673 in omayyadische Hand.

Nun begann eine Blütezeit der Stadt, die einer der wichtigsten Handelsstützpunkte der Seidenstraße war. Dies wurde nur kurz unterbrochen, als die mongolischen Heere des Dschingis Khan 1220 die Stadt niederbrannten. Doch mit Timur Lenk (vgl. Seite 109) entstand in der zweiten Hälfte des 14. Jahrhunderts ein riesiges Reich mit Samarkand als Hauptstadt. Die Timuriden führten die Oasenstadt zu einer zweiten Blüte – alle bedeutenden Bauten, die man heute in Samarkand sehen kann, stammen aus dieser Zeit.

Das gilt besonders für die drei Bauten am Registan, dem Sandplatz, der der kulturelle und religiöse Mittelpunkt Samarkands zu dieser Zeit war: Drei großartige Medresen, islamische Hochschulen, rahmen den Platz ein, die 1417–1420 gebaute Ulughbek-Medrese, benannt nach dem Herrscher und Naturwissenschaftler Ulughbek (1394–1449), die 1446–1460 erbaute Tella-kari, die wegen ihres Bauschmucks im Inneren »die Goldglänzende« genannt wird, und die 1611–1636 gebaute Shir-dar – das »Tigerhaus«, so genannt wegen seiner eigenartigen Darstellung an der Frontseite.

Medresen ▶ Ulughbek ▶▶ Tella Kari ▶▶▶ Shir Dar am Registan-Platz, Samarkand, Usbekistan

Samarkand – das fruchtbare Land

In der Glanzzeit Samarkands (= »fruchtbares Land«) – unter den Timuriden von 1370 bis 1507 – war die Stadt nicht nur Handelsstadt auf der Seidenstraße und das herrscherliche Zentrum eines riesigen Reiches vom Mittelmeer bis nach China, sondern auch ein wissenschaftliches Zentrum der Welt. Dies geht besonders auf den Enkel Timur Lenks (auch Tamerlan – »Timur, der Lahme«) zurück, auf Ulughbek. Er wurde 1409 von seinem Vater Schah-Ruchs zum Statthalter in Samarkand ernannt, als dieser die Hauptstadt des Reiches nach Herat im Westen des heutigen Afghanistans verlegte. Ulughbeg konnte weithin selbstständig regieren, von 1447 bis zum seinem Tod 1449 war er Herrscher des gesamten timuridischen Reiches. Er wurde »Astronomenprinz« genannt, weil er sich mehr mit dem Studium des Koran, vor allem aber der Naturwissenschaften befasste als mit seinen Aufgaben als Herrscher. Er gründete die Medrese Ulughbek und ließ zugleich ein gewaltiges Observatorium bauen, das Gurkhani Zij, das wegen seiner Größe bislang ungeahnte Genauigkeit bei der Sternenbeobachtung und den astronomischen Berechnungen aufwies. Dieser Schwerpunkt seiner Arbeit aber schuf ihm unter den konservativen islamischen Geistlichen Feinde, er wurde schließlich ermordet.

Stalaktiten-Kuppel über dem Mihrab in der Medrese Tella-kari, Samarkand, Usbekistan

Von hoher Bedeutung für Samarkand sind die vielgestaltigen Mausoleen der Stadt, deren meist blaue Kuppeln aus feinsten Kacheln das Bild der Stadt prägen. Unter diesen Begräbnisstädten ist an erster Stelle das Gur-e Amir zu nennen, das Mausoleum des ersten Timuriden Timur Lenk und seiner Familie. Der Name bedeutet »Grab des Fürsten« mit seiner alles überragenden Kuppel (vgl. das Bild auf Seite 109). Diese melonenförmige Kuppel weist insgesamt 64 völlig gleiche Rippen auf und ist mit Mosaikfriesen mit Koranversen im Unterbau und im Kuppelbereich mit blau und türkis schimmernden glasierten Platten belegt, alle genau in der Form der Rippen geschnitten – eine architektonische, mathematische und künstlerische Meisterleistung.

Kuppel in der Nekropole Shah-e Sende (Shohizinda), Samarkand, Usbekistan

Ähnlich herausragende Arbeiten finden sich auch im Mausoleum Bibi Hanim (auch Bibi Chanum), der Grabstätte der Frauen der timuridischen Herrscher. Der Legende nach entstand der Bau für die Lieblingsfrau des Timur Lenk. Eine große Moschee mit Kuppel bestimmt diesen Bau; ein weiter Innenhof wird von Iwanen und Säulenhallen begrenzt. Dort findet sich auch ein steinernes Podest, auf den beim Freitagsgebet der Koran gelegt wurde.

Zu weiteren Mausoleen und Moscheen kommt die Gräberstadt Schah-e Sende (auch Shohizinda), eine weit ausgedehnte Nekropole. Sie wurde bereits vor den Timuriden von den Adligen Samarkands für Bestattungen genutzt, unter den Timuriden kamen sehenswerte Bauwerke hinzu, die wie andere Bauten dieser Zeit blaue und türkisfarbene Kuppeln aufweisen. Der Legende nach soll bereits ein Cousin des Propheten Mohammed in Schah-e Ende begraben worden sein. Deshalb ist der Ort für Muslime von Bedeutung, weil man sich gerne in der Nähe eines Heiligengrabes bestatten ließ und auch heute noch lässt – dies soll einen leichteren Zugang zum himmlischen Paradies ermöglichen. Shah-e Sende ist ein herausragendes Beispiel dieses Jenseitsglaubens der Muslime.

Buchara – die edle Stadt

Buchara (auch Buxoro) ist eine dichtbesiedelte Oasenstadt in der Wüste Kysylkum mit ca. 250 000 Einwohnern. Bewässert wird sie über eine Entfernung von 200 km vom Amudarja. Buchara war immer eine Stadt mit einem großen Namen – »Die Edle« nannte man sie in der Vergangenheit besonders im islamischen Raum. Bereits 500 v. Chr. gab es hier eine baktrische Siedlung, sodass die Stadt seit 2500 Jahren ein wichtiges Handelszentrum ist – und damit über den gesamten Zeitraum der Seidenstraße. Das heutige Stadtbild aber geht wesentlich auf die islamische Zeit zurück: Bereits 674 eroberten arabische Heere die Stadt, im Jahr 709 wurde ein muslimisches Emirat Buchara gegründet. Im 9. Jahrhundert kamen die persischen Samaniden (819–1005) und machten Buchara zur befestigten Residenzstadt. Sie wurden durch das Turkvolk der Karachaniden abgelöst, die bis 1220 die Stadt beherrschten. Dann zerstörten die Mongolen unter Dschingis Khan die Stadt und massakrierten alle 30 000 Einwohner. Auch nach den Mongolen hatte Buchara eine wechselvolle Zeit; erst 1920 wurde der letzte Emir von Buchara abgesetzt.

An Baudenkmälern, die aber wegen der mongolischen Zerstörung nur zum geringen Teil aus der Blütezeit der Seidenstraße, sondern eher aus timuridischer Zeit stammen, sind besonders die verschie-

Blick vom Ark (Festung) zu: Medrese Mir-e Arab, Minarett und Moschee Kalan, Buchara, Usbekistan

Minarett der Moschee Kalan, Buchara, Usbekistan

denen Medresen, Moscheen und Mausoleen von Bedeutung. Ein gutes Beispiel ist das Ensemble von Medrese Mir-eArab und Minarett und Moschee Kalan mit ihren überkuppelten Nebengebäuden. Das 50 m hohe Minarett Kalan wurde im 12. Jahrhundert erbaut und ist mit seiner Ziegelsteinornamentik und seiner Laterne mit 16 Spitzbögen ein herausragendes Werk islamischer Baukunst.

Moschee Kalan, Buchara, Usbekistan

Buchara – Samaniden und Karachaniden

Buchara zeichnet sich durch seine Moscheen, Medresen und Minarette aus. Neben der Moschee Kalan ist etwa die Moschee Bala Haus in der Zitadelle zu erwähnen oder die Moschee Maghak-e Attari aus dem 9. Jahrhundert. Die wichtigste Medrese ist jedoch die Ulughkeb, die erste zentralasiatische Medrese, vom Timuridenherrscher Ulughbek initiiert und deshalb nach ihm benannt. Gegenüber dieser Medrese liegt eine zweite, die Abdulasis Khan, ein ausgewogener großer Baukörper, der den zwischen den beiden islamischen Hochschulen liegenden Platz beherrscht.

Doch Buchara ist vor allem Handelsstadt; deshalb sind seine meist überkuppelten Basare und seine Gassen mit kleinen Geschäften von hoher Bedeutung. Der schönste Marktkuppelbau ist der Tak-e Sargaran, in dem vor allem Juweliere und Silberschmiede, aber auch Gewürzhändler ihre Waren anbieten. Andere Passagen sind nach Berufen geordnet: ein Basar für Seidenstoffe, der Tim Abdullah Khan, ein anderer für die Geldwechsler und wieder einer für die Stoffhändler. Daneben gibt es einen Teppichmarkt, einen Basar der Kupferschmiede, Messer- und Scherenschleifer und Läden für viele andere traditionelle Gewerke.

Der Haupthandelsplatz Bucharas ist der Lab-e Haus, ein durch hohe Bäume beschatteter und mit einem Wasserbecken versehener Platz mit Geschäften, einer Synagoge, einer Medrese und einer großen Pilgerherberge, der Chanaka Nadir Diwan-Begi mit ihrem prachtvollen Eingangsiwan.

In allen zentralasiatischen Gebieten sind die Mausoleen in be-

► Überkuppelter Basar (im Hintergrund Minarett Kalan)
►► Gewürzladen, Buchara, Usbekistan

sonderer Weise als hoch aufragende und mit prächtigem Bauschmuck versehene Kuppelbauten gestaltet. Dies sind zum einen die Mausoleen der Herrscher, die sich mit solchen Bauten – oft bereits zu ihren Lebzeiten errichtet – ein Denkmal setzen wollten. Es gibt aber auch Mausoleen für muslimische Heilige, die das Ziel von Pilgern bilden. Häufig ist um solche Mausoleen ein Friedhof angeordnet, denn es ist für ein Leben im Jenseits hilfreich, in der Nachbarschaft eines Heiligen begraben zu werden. In Buchara findet sich als herausragende Begräbnisstätte das Mausoleum der Samaniden, wohl das älteste und zugleich durch seine Ziegelsteinornamentik prächtigste muslimische Mausoleum in Zentralasien.

▶ Mausoleum der Samaniden
▶▶ Torhaus Chor Menar (Chahor Minor), Buchara, Usbekistan

Das Eingangstor der Stadt ist aber der Ark, die Festung oder Zitadelle mit mächtigen Mauern und einem hohen Iwan, der als Eingangsportal dient. Die Gebäude innerhalb der Festung sind mehrfach zerstört und wieder aufgebaut worden, der jetzige Bauzustand ist aus dem 18. Jahrhundert. Das Ausgangstor der Stadt in Richtung Samarkand ist das Torhaus Chor Menar (auch Chahor Minor oder Tschar Menar) mit seinen vier Minaretten, die namensgebend (= Chor Menar) waren.

Entlang des Amudarja

Von Buchara aus führte ein Weg der Seidenstraße unmittelbar nach Süden. Jenseits der heutigen usbekisch-turkmenischen Grenze liegt die Industriestadt Turkmenabat – die zweitgrößte turkmenische Stadt existierte jedoch zur Seidenstraßenzeit noch nicht. Die Karawanen zogen weiter nach Süden bis nach Merw (Mary, vgl. Seite 134f.). Wir verfolgen dagegen eine Route, die sich entlang des Flusses Amudarja in Richtung Aralsee durch die Sandwüste Kysylkum windet, um die bedeutenden Oasenstädte Chiwa (vgl. Seite 128ff.) und Kohne Urgentsch (vgl. Seite 132f.) zu erreichen.

Der Amudarja (auch Amu Darya = »Großer Fluss«) ist zusammen mit dem 500 km weiter nördlich verlaufenden Syrdarja der Quellfluss für den Aralsee; der Amudarja entspringt dem Hindukusch in Tadschikistan, der Syrdarja dem kirgisischen Tian Shan. Weil beide Flüsse in einem unverantwortlichen Maß zur Bewässerung der Baumwollfelder in Usbekistan und im südlichen Kasachstan genutzt werden, erreichen sie den Aralsee allerdings seit Jahren nicht mehr, sondern versiegen vorher in der Wüste und der See fällt trocken. Das Austrocknen des Aralsees hat erhebliche Umweltfolgen, weil Staub aus den versalzten Flächen durch Wind aufgewirbelt und bis zum 1500 km weiter östlich gelegenen Tian Shan getragen werden, dessen Gletscher nicht nur durch die Klimaerwärmung, sondern auch durch den Salzauftrag schneller schmelzen.

Muslimisches Heiligengrab und Friedhof, Wüste Kysylkum, Usbekistan

Am Amudarja bei Berouni, östlich von Chiwa, Usbekistan

In der Antike hieß der Amudarja Oxus, das Gebiet nördlich des Flusses wurde in der Antike Transoxanien genannt. Dieses Gebiet, vor allem die Oasenstadt Samarkand (Afrasiab, griechisch Marakanda, vgl. Seite 118), war das Ziel von Alexander dem Großen auf seinem Asienfeldzug (329–327 v. Chr.). Heute ist dieses Gebiet mit Ausnahme der Oasen Samarkand, Buchara und Chiwa weithin unwirtliche Wüste, nur durchzogen durch einige Bewässerungskanäle, die in der Sowjetzeit für den Anbau von Baumwolle angelegt wurden. Für die Karawanen der Seidenstraße waren diese jeweils 400 km langen Strecken zwischen den Oasen eine Herausforderung.

In der Wüste Kysylkum, Usbekistan

Chiwa – die Schöne

Eine der schönsten Städte Zentralasiens ist eindeutig Chiwa (auch Xiva), etwas westlich vom Amudaja gelegen. Heute leben hier ca. 55 000 Einwohnern, davon ca. 5000 in der Altstadt. Chiwa hatte ebenso wie Samarkand und Buchara in der Seidenstraßenzeit eine hohe Bedeutung. Das heutige Stadtbild stammt weitgehend vom Ende des 18. Jahrhunderts, aber die Altstadt innerhalb der Stadtmauer gibt einen bezaubernden Eindruck vom Leben einer mittelalterlichen Seidenstraßenstadt.

Chiwa – die Schöne: Die Legende erzählt, dass Karawanen in frühester Zeit einen Brunnen inmitten dieser Oase mit dem Namen »cheiwak« (»Oh, wie ist das schön und wohltuend«) belegten – dieser Brunnen ist bis heute in der Altstadt präsent. Die ca. 700 x 400 m große Altstadt zeigt ein einheitliches Stadtbild in Ziegelstein, der mit ockerfarbener Tonerde verputzt wurde. Allein die vielen Moscheen, Medresen, Minarette und Mausoleen (die vier »M«) der Stadt sind in einzelnen Flächen mit türkisblauen Kacheln verziert. Kuppeln und Minarette ragen hoch über die zwischen ihnen liegenden Gassen mit Handwerksbetrieben und Geschäften, dazu kleinen Unterkünften und Wohnhäusern hinaus.

Bereits im 6. Jahrhundert gab es eine Stadtmauer, die den Handelsort umschloss, davon ist heute nichts mehr zu sehen. Ab 1592 wurde Chiwa zur Hauptstadt des Reiches von Choresme und löste

Blick vom Ark auf Chiwa mit (links) der Medrese Muhammad Rahim Khan und (rechts) dem Minarett Islam Hodscha, Usbekistan

damit Kohne Urgentsch (vgl. Seite 132f.) ab. Doch 1740 wurde die Stadt von persischen Truppen erobert und zerstört. Der Wiederaufbau ab 1785 führte zum heutigen Stadtbild.

Beeindruckend ist vor allem die gewaltige, etwa 8 m hohe Stadtmauer mit ihren gerundeten Vorsprüngen. Vor ihr liegt eine geböschte steinerne Fläche, die darauf zielte, dass Reiter nicht den Fuß der Mauer erreichen konnten und so immer im Schussfeld der Bogenschützen blieben. Vier große Stadttore in den vier Himmelsrichtungen erschließen die Stadt. Unmittelbar am westlichen Tor und mit einer eigenen 9 m hohen Mauer umschlossen ist der Ark der Stadt, die Festung und Sitz des Regenten – von hier aus wurde das Reich Choresme regiert. Die Moschee des Ark ist mit glasierten Kacheln sorgfältig geschmückt. Vor dem einzigen Eingangstor zum Ark im Osten liegt der Registan (der Sandplatz), der Ort für militärische Aufmärsche, aber auch für die Vollstreckung von Todesurteilen war. Der Zitadelle gegenüber befindet sich die bedeutende Medrese Muhammad Rahim Khan II., die den Registan im Osten abschließt und mit ihrem kachelverzierten Eingangsiwan und ihren Kuppeln und Minaretten ein schönes Bild abgibt.

Stadtmauer und westliches Stadttor von Chiwa, Usbekistan

Eingangstor zum Ark vom Registan (Sandplatz) aus, Chiwa, Usbekistan

Chiwa – Hauptstadt von Choresme

Ab Beginn der islamischen Zeit im 7. Jahrhundert wurde Chiwa zusätzlich zur Handelsstadt auch zur Wissenschaftsstadt, die mit ihren vielen Hochschulen (Medresen) einen wichtigen Beitrag zur Entwicklung einzelner Wissenschaften leistete. Wichtigster Sohn der Stadt ist Muhammad ibn Musa al-Choresme (783–847, auch al-Chwarizmi), ein Universalgelehrter, der besonders auf dem Gebiet der Mathematik und Astronomie gearbeitet hat und von dessen Ortsbezeichnung al-Choresme (das Reich Choresme mit Chiwa als Zentrum) der Begriff Algorithmus abgeleitet ist. Sein Denkmal steht an der Stadtmauer neben dem westlichen Tor.

Hinter diesem Tor, der südlichen Mauer des Ark gegenüber liegt Amin-Khan, die größte Medrese Chiwas. Sie hat einen beeindruckenden Innenhof, da die vier Seitenflügel absolut symmetrisch errichtet wurden. Vor der Medrese steht in beispielhafter Ornamentik das 28 m hohe Minarett Kalta Menar mit 15 m Durchmesser. Erst 1855 errichtet, sollte dieses Minarett viel höher werden – so hoch, dass man von seiner Spitze das 400 km entfernte Buchara sehen könnte. Doch als sein Erbauer Amin Khan starb, wurde der Bau nicht zu Ende geführt. Es ist zudem zweifelhaft, ob das Ziegelsteinmauerwerk die Last eines solch hohen Turms hätte tragen können.

Mit einer Höhe von 57 Metern ragt dagegen das Minarett Islam Hodscha auf, das zur gleichnamigen Medrese gehört. Der Name stammt von einem Minister des 19. Jahrhunderts. Dieser gut proportionierte Turm ist das Wahrzeichen von Chiwa und überall in der Stadt sichtbar. Nahebei liegt das im 14. Jahrhundert errichtete Mausoleum von Pahlawan Mahmud, eines berühmten Ringkämpfers, Arztes und Mystikers des Mittelalters.

▶ Unvollendetes Minarett Kalta Menar
▶▶ Minarett Islam Hodscha, Chiwa, Usbekistan

Kohne-Urgentsch (Köneürgenç)

Wenn man nordwestlich von Chiwa die usbekisch-turkmenische Grenze überschreitet, gelangt man zu einer kleinen Stadt mit 30 000 Einwohnern, die sehr unterschiedliche Namen hat: Im Deutschen hat sich der Name Kohne Urgentsch durchgesetzt, die offizielle Bezeichnung in Turkmenistan ist heute Köneürgenç oder persisch Kuhna Urganç; arabisch heißt die Stadt al-Dschurdschaniya. In der Zeit, als dieser Oasenort in der Wüste Karakum Hauptstadt des Choresme-Reiches war, hieß die Stadt Gurgandsch.

Kohne Urgentsch geht geschichtlich bis auf das 5. vorchristliche Jahrhundert zurück, doch gewann der Ort als Handelsumschlagplatz der Seidenstraße erst ab dem 1. Jahrhundert n. Chr. größere Bedeutung. Im 7. Jahrhundert eroberten die Araber das fruchtbare Oasenland südlich des Aralsees – mit ihnen begann die Zeit der muslimischen Bauwerke, die bis heute – teilweise restauriert – das Gesicht der Stadt und ihrer Umgebung prägen. Dies verstärkte sich ab dem 10. Jahrhundert, als Gurgandsch zum Mittelpunkt des Choresme-Reiches mit einem Emir/Shah als Regent wurde. Die drei folgenden Jahrhunderte können als Blütezeit der nunmehr wohlhabenden Stadt bezeichnet werden. Erst durch den Mongolensturm

▶ Beterinnen am Mausoleum Nadschm-ad-Din Kubra,
▶▶ Frau unter »Wunschbaum«, der für guten Nachwuchs sorgen soll, Kohne Urgentsch, Turkmenistan

1221 wurde die Stadt dem Erdboden gleich gemacht und die Bevölkerung massakriert. Doch die Mongolen der Goldenen Horde bauten Urgendsch als Handelsort wieder auf, bis die Timuriden am Ende des 14. Jahrhunderts erneut Zerstörung brachten und der Ort bedeutungslos wurde.

Mausoleum des Fachreddin Rasi, Kohne Urgentsch, Turkmenistan

Zentralasien ist an vielen Stellen vom Einfluss der islamischen Sufi-Bewegung geprägt, eine spirituelle Richtung, in der die Sufi-Heiligen vom Volk hohe Verehrung erhielten und bis heute erhalten. So finden sich unter den als Weltkulturerbe geschützten mittelalterlichen Bauten von Kohne Urgentsch viele Mausoleen, in denen Sufi-Heilige bestattet sind und zu denen Pilgerreisen von Muslimen des zentralasiatischen Gebietes führen; die Pilger üben dort mancherlei antiquiert erscheinende Rituale aus. Oft sind diese Gebäude nicht sehr groß, haben aber mehr Zulauf unter der Bevölkerung als die größeren und repräsentativeren Moscheen, die es in diesem Gebiet auch gibt.

Herausragend ist etwa das Mausoleum des Sultans Tekesch, eines Fürsten des 12. Jahrhunderts – ein Rundbau mit einer kegelförmigen Kuppel, einst vollständig mit türkisfarbenen Kacheln belegt, von denen heute nur wenige erhalten sind. Wie viele der kuppelförmigen islamischen Bauten hat auch dieses Mausoleum eine Außenkuppel und eine flachere Innenkuppel. Am kleinen Mausoleum des Fachreddin Rasi, zu Beginn des 13. Jahrhunderts gebaut, ist die blaue Kuppel noch fast vollständig erhalten, der Vorbau wurde in unserer Zeit restauriert. Ein weiteres Mausoleum ist das des Nadsch-ad-Din Kubra aus dem 14. Jahrhundert. Bedeutsam ist zudem das mit 62 m höchste Minarett in Zentralasien – das Qutlugh-Timur-Minarett.

Merw – Parther und Seldschuken

Mit der antiken turkmenischen Stadt Merw, die – in der Nähe der modernen Stadt Mary gelegen – heute nur als archäologische Stätte und Weltkulturerbe besichtigt werden kann, erreicht die Seidenstraße ein Gebiet, das bereits mehr auf den Mittelmeerraum ausgerichtet ist als die zentralasiatischen Handelsorte. Merw wurde von Alexander dem Großen erobert und Margiane genannt. Nach ihm herrschte das Nachfolgereich der Seleukiden, dann kamen die Parther, die großen Gegenspieler des Römischen Reiches im Osten vom 3. vorchristlichen bis ins 3. nachchristliche Jahrhundert. Auf die Parther folgten die persischen Sassaniden bis zur Eroberung Zentralasiens durch die Araber im Jahr 651. Die Stadt blühte auf bis zur Eroberung durch das Turkvolk der Seldschuken im Jahr 1037, die Merw zur Hauptstadt ihres Reiches machten und in ihr eine Vielzahl herausragender Gebäude errichteten. Das Reich der Seldschuken wurde 1221 durch die Mongolen zerstört, die Bevölkerung Merws getötet – wie auch die Einwohner fast aller anderen zentralasiatischen Städte. Nach dem Mongolensturm wurde die über eine weite Fläche ausgedehnte Stadt nur teilweise wieder aufgebaut. Ab dem 14. Jahrhundert wurde Merw von den Timuriden, dann von den Usbeken und danach von den Persern erobert. Was nach all diesen Feldzügen blieb, waren Ruinen, so wie man sie heute in Merw sehen kann.

▶ Mausoleum Sultan Sandschar
▶▶ Wohnhaus im Jurtenstil, Merw, Turkmenistan

Das etwa 12 x 10 km große Gebiet der Stadt ist in zwei Teile eingeteilt: Im Norden liegen die ältesten Siedlungs- und Festungsreste, die in ihren Ursprüngen auf das 5. vorchristliche Jahrhundert

Kis Kale – die Jungfrauenfestung, Merw, Turkmenistan

zurückgehen – der Erk Kale, der umgeben ist von der seleukidischen und sassanidischen Stadt Giaur Kale. Hier findet man Reste der Stadtmauer, Fundamentreste städtischer Gebäude und das aus späterer Zeit stammende Mausoleum des Jusuf Hamadani.

Wahrzeichen von Merw ist allerdings die im südlichen Teil der Stadt liegende Festung Kis Kale – die sogenannte Jungfrauenfestung. Wahrscheinlich wurde der nach außen hin fensterlose Bau mit seinen ca. 15 m hohen Halbsäulen im 6. Jahrhundert errichtet. In der weiten Steppe schon von fern zu erkennen, ist diese Festung ein Zeichen der alten sassanidischen Macht. Eine zweite, allerdings viel kleinere Festung ist nahebei, die Dschigit Kale.

Die Seldschuken haben eine Reihe von Mausoleen und Grabmoscheen in der Stadt errichtet. Dabei griffen sie architektonisch auf die Jurten zurück, die kuppelförmigen Zelte der nomadischen Völker im Altai-Gebirge, aus dem die Turkvölker ebenso wie die Mongolen stammen. Solche Kuppeln bauten sie dann mit Steinen und Tonerde als Wohnhäuser im eroberten Gebiet von Turkmenistan und Iran nach. Und sie wagten größere Kuppelbauten für religiöse Zwecke, das Mausoleum von Sultan Sandschar ist nur ein herausragendes Beispiel von vielen. Im iranischen Sultaniyeh gibt es ein weiteres Beispiel dieser Bauweise (vgl. Seite 154f.). Andere überkuppelte Mausoleen in Merw sind die Grabstätten Muhammad ibn Said und As-Chaben, diese stammen allerdings aus späterer Zeit.

Mashhad – heilige Stadt der Schiiten

Von Merw aus führt die Hauptroute der Seidenstraße nach Süden, überquert die heutige Grenze zum Iran und gelangt in die 2,5 Millionen Einwohner fassende Stadt Mashhad (auch Meschhed), etwa 900 km von Teheran (Tehran) entfernt. Der Iran hat wie Deutschland etwa 80 Millionen Einwohner, allerdings auf der fast fünffachen Fläche von 1 650 000 km^2. Iran, früher Persien genannt, kann auf eine uralte Geschichte zurückblicken, die in der Frühzeit durch die Elamiter und Meder bestimmt wurde, bis im 6. vorchristlichen Jahrhundert unter Kyros II. (590–530 v. Chr.) das altpersische Großreich der Achämeniden entstand. Dieses zerbrach unter dem Ansturm Alexanders des Großen, doch folgte mit den Parthern ein neues Großreich mit dem persischen Gebiet im Zentrum, das bis ins 3. nachchristliche Jahrhundert währte. Von 224 bis 642 n. Chr. dauerte das neupersische Großreich der Sassaniden, ihnen folgten die Araber, dann die Ghaznawiden, die Seldschuken und schließlich die Mongolen. Erst nach der Seidenstraßenzeit konnten die Safawiden ab 1501 n. Chr. ein drittes persisches Großreich aufbauen.

Eingang zum Imam-Reza-Mausoleum, Mashhad, Iran

Mashhad ist das industrielle und wirtschaftliche Zentrum im Nordostiran, aber auch ein religiöses Zentrum des schiitischen Islam. Hier nämlich wurde der achte schiitische Imam Ali ibn Musa ar-Reza (768–818, auch ar-Rida) begraben und sein Mausoleum wurde zu einem wichtigen Pilgerort der Schiiten. Dadurch bedingt wurde bereits 823 die Stadt Mashhad (arabisch »Ort des Märtyrers«) gegründet, so genannt, weil man annahm, dass der Imam vergiftet worden war. Im Laufe der

Zeit wurde dieses Mausoleum immer weiter zu einer riesigen Anlage mit sieben Innenhöfen und einer Fläche von ca. 330 000 m² ausgebaut, die den Schrein des Imam als Zentrum hat. Um diesen Schrein finden sich heute eine Universität für islamische Wissenschaften, eine große Moschee, dazu Gebäude mit verschiedenen Hallen und einer großen Bibliothek für die jährlich bis zu 20 Millionen Pilger, die diese heilige Stätte besuchen. Hinzu kommen vierzehn Minarette und mehrere Brunnen für die rituellen Waschungen vor dem Gebet. Der Schrein selbst geht auf das 9. Jahrhundert zurück, wurde aber im Laufe der wechselvollen Geschichte des Iran immer wieder zerstört und neu errichtet.

Vor dem Imam Reza Schrein; auf dem Plakat die schiitischen Religionsführer Ayatollah Chamene'i und Ayatollah Chomeini, Mashhad, Iran

Mashhad war in den letzten Jahrhunderten der Seidenstraße zudem ein wichtiger Handelsort für die Karawanen: Die zentralasiatischen Händler tauschten hier ihre Waren gegen die der persischen Händler ein, die den Weitertransport etwa der chinesischen Seide und des Porzellans nach Westen organisierten. In der heutigen Zeit gewinnt Mashhad dadurch neue Bedeutung, dass die Chinesen von hier aus eine ihrer Hochgeschwindigkeits-Zugtrassen bis Teheran bauen – diese Strecken werden nach Fertigstellung China und Europa über ein Schnellzugssystem verbinden.

Tus – der Dichter Firdausi

Nur 35 km nördlich von Mashhad liegt die kleine, aber alte Stadt Tus (auch Tous). Sie hat für den Iran besondere Bedeutung, weil hier der Nationaldichter Abu l-Qasim Firdausi (auch Ferdowsi, Firdousi, 940–1020 n. Chr.) geboren wurde, gewirkt hat und in einem beeindruckenden Mausoleum begraben wurde. Der Ort hat weitere bedeutende Gelehrte der mittelalterlichen islamischen Welt hervorgebracht, etwa den Theologen und Mystiker Mohammed Ghazali (1058–1111 n. Chr.).

Firdausi ist weithin der Verfasser des persischen Nationalepos Schahnameh (»Buch der Könige«), eines gigantischen Werkes mit 60 000 Versen; 35 Jahre hat Firdausi daran gearbeitet. Er beschreibt in diesem Epos in 62 Sagen mit 900 Kapiteln die persische Geschichte als Heldengeschichte von Anfang der Welt bis zur arabischen Eroberung im 7. Jahrhundert. Firdausi beginnt bei den Urkönigen, die für die zivilisatorischen Fortschritte (Beherrschung des Feuers, Schmiedekunst, Rechtssystem ...) verantwortlich zeichnen. Auch Zaratusthra und die von ihm propagierte Religion des Zoroastrismus wird breit behandelt. Vor allem aber führt Firdausi Leben und Werk der historisch fassbaren Könige und Kaiser (Schah) Persiens bis zum Jahr 651 auf. Sein Werk hat für Persien eine ähnlich sprachbildende

Pilgergruppe vor dem Mausoleum des Dichters Firdausi, Tus, Iran

Wirkung gehabt wie etwa die Luther-Bibel für die Entwicklung der hochdeutschen Sprache. Die Erzählungen des Schahname wurden in Persien in Teestuben von Geschichtenerzählern verbreitet, dazu kamen Handschriften und in der Neuzeit vielfältig gestaltete und auch – in einem islamischen Land – mit Miniaturen von Personen illuminierte gedruckte Ausgaben.

Das Mausoleum von Firdausi in Tus ist Ziel vieler iranischer Gruppen und Einzelpersonen, die eine der größten Gestalten der persischen Geschichte ehren wollen. Bereits auf dem Weg nach Westen gibt es zwei weitere Orte, die in gleicher Weise an große Persönlichkeiten erinnern. Auf dem Weg in das 130 km westlich von Mashhad gelegene Nishapur gelangt man zu einem wunderschön mit glasierten Kacheln in türkiser, weißer und gelber Farbe geschmückten kegelförmigen Schrein, in dem eine Fußspur des achten schiitischen Imam Reza (768–818 n. Chr., vgl. Seite 136) zu sehen ist und von islamischen Pilgern verehrt wird. Ein vergleichbarer Bau findet sich dann in Nishapur selbst, einer Stadt mit 230 000 Einwohnern, die für ihre Keramik und ihre Teppiche bekannt ist. Auch diese Stadt stammt aus der frühen persischen Zeit. In ihr befindet sich in einem schönen Park das Mausoleum des Dichters und Mystikers Fariduddin Attar (1136–1221 n. Chr.). Er war zugleich Arzt und gehörte der islamischen Strömung der Sufis an; von dieser mystischen Richtung des Islam sind auch seine zahlreichen Werke inspiriert.

▶ Schrein des Fußabdrucks (Ghadamgah) von Imam Reza
▶▶ Mausoleum Fariduddin Attar, Nishapur, Iran

Karawansereien in der Salzwüste Dascht-e Kawir

Der Weg der Seidenstraße führt von den Städten Mashhad, Tus und Nishapur nach Westen durch die heutigen iranischen Provinzen Khorasan und Semnan bis zur heutigen, erst im 18. Jahrhundert wichtig gewordenen Hauptstadt Teheran (persisch: Tehran) und zur heiligen Stadt Qom (vgl: Seite 142f.). Dieses ist weithin ein unwirtliches Gebiet, das im Norden vom Elburs-Gebirge gegen das Kaspische Meer abgeschirmt wird, nach Süden hin von den großen Wüsten Dasht-e Kavir und Dasht-e Lut bestimmt ist – weithin versalzte Flächen mit extrem schwierigen Wegbedingungen für die Karawanen der damaligen Seidenstraße. Von Mashhad bis Teheran sind es ca. 900 km, bis Qom 60 km mehr. Dies bedeutete für die Kamel- und Pferdekarawanen der Seidenstraßenzeit eine Reisezeit von mindestens einem Monat durch eine vegetationslose und äußerst wasserarme Region. Heute führt durch das Gebiet eine asphaltierte Straße, die Chinesen bauen zudem eine Hochgeschwindigkeits-Eisenbahn, die die beiden Städte in ca. drei Jahren verbinden wird.

Die Kraft und Zeit fordernde Wegstrecke durch die persischen Wüsten waren nur möglich, weil es in Oasen oder an einer Wasserstelle gelegene Karawansereien gab, die zumindest einen Ruheplatz und Wasser zur Verfügung stellen konnten – Nahrung für Mensch

Fakhr Davoal Karawanserei bei Nishapur, Iran

und Tier mussten die Karawanen auf diesem Weg selbst transportieren, zusätzlich zu den Lasten der beförderten Waren.

Der Name Karawanserei kommt aus dem Persischen und meint ein meist quadratisches Gebäudeensemble, das mit einer alles umschließenden Mauer umgeben und nur durch ein einziges Tor zugänglich ist. Vom großen Innenhof gehen einzelne hohe Zellen ab, in denen die reisenden Händler ihre Waren lagern und ihre Tiere anbinden konnten. Zudem gab es im Obergeschoss Gemeinschaftsschlafräume oder einzelne Schlafzellen für die Händler; die Pferde- und Kameltreiber blieben bei ihren Tieren. Es gab eine Küche und andere Nebenräume. Oft dienten die Karawansereien ebenso wie die Handelsstädte auch als Umschlagplätze für Waren, also nicht nur zur Durchreise. Dies war allerdings auf dem Weg zwischen Mashhad und Qom wegen der beschwerlichen Wegstrecke nicht der Fall. Die ummauerte Karawanserei zeigt sich nach außen hin als festungsähnliches Bauwerk, das auch einer Belagerung durch räuberische Banden länger standhalten konnte. Dies wurde durch dicke Steinmauern und eisenbewehrte Tore erreicht; Ecktürme dienten ebenfalls der Verteidigung. Der Abstand zwischen den Karawansereien entsprach mit 30–40 km etwa der Tagesleistung der Kamele, sodass sich ein Wegenetz ergab, bei dem die Raststätten wie Perlen auf einer Kette aneinandergereiht waren. In muslimischer Zeit gehörte zu einer Karawanserei auch eine kleine Moschee.

In Nishapur, Iran

Ghom (Qom) – islamische Hochschulstadt

Ghom (auch Qom), 150 km südwestlich von Teheran gelegen, ist mit über einer Million Einwohner die Hauptstadt der gleichnamigen iranischen Provinz. In der Stadt werden landwirtschaftliche Erzeugnisse der Umgebung verarbeitet, zugleich gibt es Textil- und Keramikindustrie. Die Bedeutung der Stadt aber liegt in ihrem Wert für die schiitisch-islamische Religion – sie ist eine der heiligen Städte der Schia (andere sind Kerbala und Nadschaf im Irak, vgl. Seite 184f.). Die Schia (ca. 15 % der Muslime) geht auf Ali, den Schwiegersohn Mohammeds und vierten Kalifen (der Sunna-Zählung) zurück, der von den Schiiten als erster und rechtmäßiger Nachfolger Mohammeds angesehen wird. Seine Lehre wurde von den schiitischen Imamen fortgesetzt, die »das göttliche Licht« den Gläubigen vermitteln. Die größte schiitische Gruppe im Iran, Irak, Syrien und Libanon zählt zwölf Imame, die alle der Familie Alis zuzuordnen sind. Der zwölfte Imam, Muhammad ibn Hasan al-Mahdi (869–?), ist verschollen und gilt als der »verborgene Imam Madhi«, der als Erlöser am Ende der Zeiten wiederkommen wird, eine messianische Vorstellung ähnlich dem wiederkehrenden Christus, dem Avatar Kalki im Hinduismus und dem Buddha Maitreya im Mahayanabuddhismus.

Im Mausoleum der Fatima al-Masuma, Qom, Iran

Mausoleum der Fatima al-Masuma, Qom, Iran

Ghom gilt aus zwei Gründen als heiliger Ort der Schia: Zum einen ist die Stadt das geistige Zentrum des iranischen Islam. Sie besitzt mehrere islamische Hochschulen mit über 50 000 Theologiestudenten. Die wichtigste der Hochschulen wurde im Zusammenhang mit der iranischen Revolution und deren Anführer Ajatollah Ruhollah Chomeini bekannt. Es verwundert nicht, dass dieses Zentrum theologischer Gelehrsamkeit in der Nachfolge des Ajatollah Chomeini den konservativen Kern der islamischen Republik bildet. Zudem wurden fast alle schiitischen Mullahs und Prediger an diesem Ort ausgebildet. Sie haben in der heutigen Konstellation des Iran eine hohe gesellschaftliche und auch politische Bedeutung (Religionsführer Chamene'i als Staatsoberhaupt und Wächterrat aus Religionsführern als oberste Instanzen des Staates). Zum anderen liegt in Ghom der Schrein der Fatima al-Masuma, der Tochter des siebten und Schwester des achten Imams, die hier im Jahr 817 verstarb. Die große Moschee mit ihren sechs Minaretten und verschiedenen Kuppeln wurde unter Schah Abbas I. (1571–1627) erbaut. Im Gebiet dieses Mausoleums liegt auch die Islamisch-theologische Hochschule. Der Schrein ist Ziel vieler schiitischer Pilger nicht nur aus dem Iran, sondern aus dem ganzen Vorderen Orient.

Nach Süden zur Seeroute: Isfahan

Wählt man die Seeroute vom iranischen Hafen Bandar Abbas am persischen Golf bis zum Roten Meer und Ägypten, so wendet man sich von Ghom aus nach Süden und erreicht die bedeutenden Städte Isfahan und Schiras. Isfahan liegt etwa 400 km südlich von Teheran und hat 2 Millionen Einwohner. Die Stadt hat eine alte Geschichte, die mindestens mit der Achämenidenzeit (6. – 4. Jh. v. Chr.) beginnt, vielleicht auch älter ist. Auch in der Zeit der Parther und später der Araber hatte Isfahan als Provinzhauptstadt Bedeutung besonders für Produkte aus Baumwolle und Seide. Den anstürmenden Mongolen des 13. Jahrhunderts ergab sich die Stadt freiwillig, unter Timur Lenk gab es 1388 jedoch Zerstörungen. Das heutige Stadtbild stammt deshalb vor allem aus der Epoche der Safawiden (1501–1722), als Isfahan zur Hauptstadt des Safawidenreiches wurde. Diese Zeit war die Glanzzeit der Stadt, als armenische Handwerker und jüdische Kaufleute in jeweils eigenen Stadtvierteln wesentlich zum Ruhm der Stadt beitrugen.

▶ Lotfollah-Moschee,
▶▶ Pol-e Khadju (Brücke) Isfahan, Iran

Die Stadt liegt auf beiden Seiten des Flusses Zayandehrud, dabei liegt Djolfa, das christliche Handwerkerviertel der Armenier, südlich, die Altstadt und die safanidische Stadt liegen nördlich des

Flusses, Bogenbrücken verbinden beide Seiten. Die alte Freitagsmoschee im Norden der Altstadt geht auf das 8. Jahrhundert zurück; der heutige, viele Hallen umfassende Baubestand stammt zumeist aus dem 11.–14. Jahrhundert. Die Freitagsmoschee ist mit ihrem Vier-Iwan-Innenhof und den diversen Kuppeln die größte Moschee im Iran.

Modell und Nordiwan der Alten Freitags-Moschee, Isfahan, Iran

Ähnlich dem Registan in Samarkand mit seinen drei Medresen ist der Hauptplatz der herrscherlichen Stadt, Meydan-e Imam, umgeben von herausragenden Gebäuden: Im Süden ist es die königliche Moschee Masjid-e Imam aus dem 17. Jahrhundert. Sie besitzt einen großen Portalbau, einen nahezu 30 m hohen Eingangsiwan und dahinter eine Vier-Iwan-Moschee mit einer herausragenden Fliesendekoration in Türkis, Gelb und Braun. Auf der östlichen Seite des Platzes liegt die bezaubernde Shaikh Lotfollah Moschee mit der wohl schönsten Dekoration aller iranischen Moscheen; auf der westlichen Seite liegt der Ali-Qapu-Palast mit seinem gewaltigen, zum Platz ausgerichteten Torgebäude (Torpalast).

Pasargadai und Persepolis

Der Süden des Iran ist volller archäologischer Erinnerungen an die Glanzzeit der Achämeniden (6.–4. Jh. v. Chr.). Dies beginnt mit der ersten Residenz der Achämeniden in Pasargadai (auch Pasargadae), 130 km nördlich von Schiras. Die Residenz wurde von Kyros II. gegründet, der dort in einem in der Ebene zwischen den Bergen aufragendem Steingrab bestattet wurde. Nahebei befinden sich Ruinen und Fundamentmauern, teilweise auch hoch aufragende Säulen verschiedener Paläste und zoroastrischer Feuertempel. Heute ist Pasargadai ein ruhiger Ort, der nur selten besucht wird.

Dies gilt auch für das 80 km südlicher gelegene Naqsch-e Rostam. Hier finden sich in einer steilen Felswand die Grabhöhlen von vier achämenidischen Großkönigen: Dareios II., Xerxes I., Artaxerxes I. und Dareios II.; dazu sind in die Felswand acht große Reliefs aus späterer sassanidischer Zeit (3.–7. Jh. n. Chr.) angebracht. Sie zeigen sassanidische Könige, die die Parther und andere Feinde besiegen. Die Reliefs von Naqsch-e Rostam sind für die historische Forschung auch deshalb bedeutsam, weil sich hier aus vorchristlicher Zeit Inschriften in Babylonisch, Elamisch und Altpersisch finden.

Einen ganz anderen Eindruck vermittelt die altpersische Hauptstadt Persepolis (persisch: »Takht-e Djamshid«, »Thron des Djam-

Grab von Kyros II., Pasargadai, Iran

shid«, eines Herrschers aus mythischer Vorzeit). 518 v. Chr. wurde Persepolis von Dareios I., dem Großen (549–486 v. Chr.), gegründet und war bis zur Eroberung und Zerstörung durch das Heer Alexander des Großen (331 v. Chr.) das Zentrum des Reiches. Die Anlage liegt auf einer künstlich errichteten Terrasse und ist sehr weitläufig; Paläste und Wohnquartiere lassen sich ebenso erkennen wie Kasernen und Werkstätten. An vielen Stellen vor allem der Paläste sind die Steine dekorativ mit Reliefs gestaltet; Inschriften in den drei Hauptsprachen des Reiches kommen hinzu. Die Terrasse besteigt man über eine Freitreppe, nach der man durch das »Tor aller Völker« den eigentlichen Bezirk betritt. Wichtigstes Gebäude ist das Apadana, der Empfangspalast der Herrscher; an seiner Südseite sind die Völker des Reiches in Reliefs dargestellt.

Felsengrab von Xerxes I., Naqsch-e Rostam, Iran

Relief Xerxes I. und Soldaten, Persepolis, Iran

Nach Süden zur Seeroute: Schiras

Schiras, im Volksmund die Stadt der Rosen, der Nachtigallen und der Liebe genannt, ist mit ca. 1,5 Millionen Einwohnern die Hauptstadt des südlichen Irans. Ihre Geschichte beginnt bereits ca. 2000 v. Chr. in elamitischer Zeit, doch war sie sowohl in der achämenidischen wie der sassanidischen Periode von Bedeutung, weil die Herrscher dieser Dynastien aus Schiras stammten. Die Stadt ist zugleich der Mittelpunkt persischer Literatur und Dichtung; die beiden wichtigsten Dichter Persiens, Saadi (1210–1292) und Hafis (1320–1389), lebten und dichteten hier, ebenso teilweise Omar Chayyam (1048–1131). Die Stadt ist geprägt von vielen Gärten, besonders die Rosenzucht wird hier gepflegt – Schiras ist der »Garten des Iran«.

▶ Schiefer Turm der Zitadelle, ▶▶ Eingangsiwan des Mausoleums Shah Cheragh, Schiras, Iran

Die Zitadelle mit ihren reich verzierten Wachtürmen und Ziegelsteinmauern liegt im Zentrum der Stadt, doch stammt sie im heutigen Erscheinungsbild aus der Zeit nach der Seidenstraße. Ein Turm hat sich an einer Seite etwas gesenkt, sodass die Festung heute ein eigenartiges Erscheinungsbild zeigt.

Schiras war immer Handelsstadt für alle Karawanenwege durch den südlichen Iran. Deshalb besitzt die Stadt eine Reihe von Basaren, der bekannteste ist der Wakil-Basar neben der schönen Wakil-Moschee. In deren großer Gebetshalle tragen 48 individuell gestaltete Marmorsäulen die Dachkonstruktion. Die Wakil-Moschee zeichnet sich besonders durch reichen Fliesenschmuck aus, der – Gartenstadt Schiras! – reiche florale Motive sehr realistisch darstellt und in rot-blauer Farbe gestaltet ist.

Anders als die relativ neue Wakil-Moschee stammt die alte Freitagsmoschee in ihrem Grundbestand aus dem 12. Jahrhundert. Der Fliesenschmuck der Iwane wurde im 14. Jahrhundert angebracht. Im großen Innenhof der zentralen Moschee fällt das sogenannte »Schatzhaus« oder »Gotteshaus« ins Auge, ein der Kaaba in Mekka nachgebildetes würfelförmiges und reich mit Koranversen in blauen Fliesen verziertes Gebäude, in dem kostbare Ausgaben des Koran aufbewahrt wurden.

Schiras ist auch für verschiedene Mausoleen bekannt; im Shah Cheragh Mausoleum liegt ein Bruder des achten schiitischen Imams. Ein weiterer Bruder liegt im Seyyed Mir Mohammad Mausoleum. Von Bedeutung für Schiras ist auch, dass aus dieser Stadt der Bab stammt, Seyyed Ali Muhammad Schirazi, auf den ab 1844 die Baha'i-Religion zurückgeht.

Der Seitenzweig der Seidenstraße, der von Ghom aus nach Süden führt, gelangt nach weiteren 600 km zur Hafenstadt Bandar Abbas, die auch heute den wichtigsten Hafen des Iran besitzt. Von hier aus fuhren zur Seidenstraßenzeit arabische Dhaus über das Rote Meer bis in die Nähe der heutigen Stadt Sues (Suez). Auf dem Landweg wurde danach das Mittelmeer erreicht.

Nordiwan der Masdjid-e Wakil (Wakil-Moschee), Schiras, Iran

Alte Freitagsmoschee:
▶ Hauptiwan
▶▶ Schatzhaus,
Schiras, Iran

Der Weg durch Vorderasien

Der Vordere Orient war zu allen Zeiten von Krieg, Gewalt und politischer Auseinandersetzung geprägt. Zu Beginn der Seidenstraßenzeit von 200 v. Chr. bis 200 n. Chr. war dies vor allem das Kräftemessen zwischen dem Römischen Reich und den Parthern im Gebiet des Zweistromlandes; dem folgte ein persisch-sassanidischer Vorstoß, der das Oströmische Reich bedrohte. Die arabische Eroberung des gesamten Vorderen Orients im 7. Jahrhundert brachte eine erneute Welle der Gewalt, der in abbasidischer Zeit ab 750 n. Chr. zunächst eine Zeit der Ruhe folgte. Doch dann brachte der Mongolensturm im 13. Jahrhundert erneut die Vernichtung der Bevölkerung und die Zerstörung der großen und reichen Städte vom Gebiet des heutigen Irak bis nahezu an die Mittelmeerküste. Die Kriege, die seit den 1980er Jahren im Vorderen Orient, vor allem im Irak und in Syrien toben, stellen eine weitere Steigerung solcher Gewalt dar: Millionen von Menschen sind unmittelbar betroffen, zahlreiche historische Stätten aus der Zeit vor der Zeitenwende, aber auch aus der Zeit der Seidenstraße, sind inzwischen unwiederbringlich zerstört.

Die Gewalt in dieser Region hatte auch Auswirkungen auf die Wege der Seidenstraße. Nur in politisch ruhigen Zeiten war es vom Gebiet des heutigen Iran aus möglich, einen direkten Weg zur Mittelmeerküste im Gebiet des heutigen Libanon einzuschlagen – diesen Weg wird in der zweiten Hälfte dieses Kapitels verfolgt. Oft mussten jedoch wegen der unsicheren und gefährlichen Lage andere Wege im weiten Netz der Seidenstraßenwege genutzt werden – so wird zuerst ein Weg vom Iran aus nach Norden über den Kleinen Kaukasus nach Armenien und Georgien aufgezeigt. Von Georgien aus war ein Schiffstransport der Waren über das Schwarze Meer und das Mittelmeer bis zu den Zielstädten (Rom, Konstantinopel, Venedig, Genua) möglich. Auf einem anderen Weg, der von Kohne Urgentsch aus (vgl. Seite 132f.) nördlich des Kaspischen Meeres verlief und im Gebiet der Krim das Schwarze Meer erreichte, kann hier nicht eingegangen werden. Er war aber besonders in der Mongolenzeit wichtig. Auch die Polos (vgl. Seite 42f.) gelangten auf ihrer ersten Reise zuerst an den Hof der Goldenen Horde in Südrussland und von da aus weiter in Richtung China.

Sonnenuntergang in Palmyra, Syrien

Qazvin und Sultaniyeh

Verfolgt man den Zweig der Seidenstraße, der vom zentralen Bereich des Irans nach Nordwesten in Richtung Kaspisches Meer verläuft, so gelangt man nach Qazvin, das ca. 260 km nordwestlich von Ghom und 180 km westlich von Teheran liegt. Die uralte, seit 9000 Jahren besiedelte Stadt mit ihren ca. 400 000 Einwohnern befindet sich zwar im Bergland, doch bis zur Küste des Kaspischen Meeres ist es nicht mehr weit.

Qazvin war im 7.–9. Jahrhundert von Bedeutung, als das zum Judentum konvertierte Volk der Chasaren das Gebiet rund um das Kaspischen Meer kontrollierte. Doch die Blütezeit der Stadt, aus der auch die meisten der heutigen Bauten stammen, liegt in der persischen Safawidenzeit des 16. Jahrhunderts. 50 Jahre lang war Qazvin die Hauptstadt dieser Dynastie. Vorab beim Mongolensturm wurde die alte Stadt zwar zerstört, durch die Safawiden aber schöner denn je wieder aufgebaut. Von 1779–1925 baute die turkstämmige persische Dynastie der Kadscharen den Ort weiter aus; aus dieser Zeit stammen etwa die acht Stadttore, von denen heute noch zwei in ihrer originalen Form mit vier Schmuckminaretten und reichem Kachelschmuck in blauen und zitronengelben Farben erhalten geblieben sind. Diese schon fast an Kitsch grenzenden Farben sind typisch für die Kadscharenzeit, aber dennoch ein eindrucksvolles Zeichen der Macht und des Reichtums dieser persischen Dynastie.

Stadttor in Qazvin, Iran

Wie in allen bedeutenden Orten Zentral- und Vorderasiens ist die Freitagsmoschee als größte Moschee der jeweiligen Stadt auch in besonderer Weise architektonisch und vom Bauschmuck her gestaltet. Die Freitagsmoschee in Qazvin soll bereits auf die Zeit des legendären vierten Abbasiden-Herrschers Harun ar-Raschid (763–809, begraben in Mashhad, vgl. Seite 136f.) zurückgehen; er ist im Westen durch seine Erwähnung im literarischen Epos »Tausendundeine Nacht« bekannt. Die Moschee in Qazvin wird oft auch als Harun-Moschee bezeichnet. Der heutige Bau allerdings stammt aus der seldschukischen Zeit des 12. Jahrhunderts und wurde in späteren Jahrhunderten immer wieder umgebaut und durch zusätzliche Gebäudeteile ergänzt.

In der Freitagsmoschee, Qazvin, Iran

Das bekannteste Mausoleum in Qazvin ist das des Imamzadeh Hossein, eines Sohnes des 8. schiitischen Imams. Vor dem schönen blau-gelb gekachelten Kuppelbau mit seinem Toriwan und sechs schlanken Minaretten liegt eine Parkanlage mit Wasserteichen – ein Lebenssymbol in allen Ländern mit Steppen und Wüsten.

Etwa 150 km nordwestlich von Qazvin liegt ein unscheinbarer Ort, der aber im 14. Jahrhundert Hauptstadt der mongolischen Ilkhane war, eines Teilreiches der Mongolen (vgl. Seite 41). Erhalten geblieben ist hier vor allem das achteckige Mausoleum des Herrschers Aldjaitu (auch Öldscheitü) mit seiner markanten Kuppel (vgl. Seite 135), gebaut um 1310. Die über 35 m hohe Kuppel (bei einer Gesamthöhe des Mausoleums von 51 m) gehört zu den größten Kuppelbauten der Welt. In der Zeit der Mongolen war das Mausoleum von Palastbauten umgeben, doch davon sind nur Fundamentreste erhalten geblieben.

Mausoleum des Oldjaitu, Sultaniyeh, Iran

Vom Elburs-Gebirge zum Kaspischen Meer

Das Elburs-Gebirge mit seine Gipfeln bis zu 5600 m (Vulkan Damavand nördlich der heutigen Hauptstadt Teheran, 5604 m) zieht sich mit ca. 600 km Länge und ca. 100 km Breite an der gesamten Südküste des Kaspischen Meeres entlang. Für Persien hat der Elburs nicht nur eine wirtschaftliche Bedeutung (Landwirtschaft, aber auch Wintertourismus mit Skilaufen und Bergsteigen im Gebirge), sondern taucht auch in der persischen Literatur (etwa in dem Nationalepos Schahname des Dichters Firdausi, vgl. Seite 138) auf. Der Damavand ist zudem für die zoroastrische Religion der zentrale Weltenberg, die Verbindung von Himmel und Erde.

In den westlichen Ausläufern des Elburs liegen kleinere Städte und Dörfer, die oft noch sehr traditionell geprägt sind. Unter ihnen ragt der kleine Ort Masuleh mit nur etwa 600 Einwohnern heraus, der malerisch an eine Bergwand geschmiegt über einem kleinen Bergfluss in ca. 1000 m Höhe liegt. Straßen gibt es in dem terrassenförmig angelegten Dorf kaum, wohl aber viele Treppen, die die einzelnen Ebenen verbinden. Die Fundamente der jeweils oberen Häuser ruhen oft auf den Dächern der unteren; die Häuser sind aus Lehmziegeln auf einem Bruchsteinfundament gebaut. Die Holzarbeiten von Türen und Fenstern sind aufwändig gestaltet. Das Dorf lebt von Landwirtschaft, von kunsthandwerklichen Arbeiten und von – meist inneriranischen – Touristen, die sich in dem kleinen Ort von der Hektik Teherans und anderer Großstädte erholen wollen.

Bergdorf Masuleh, Iran

Masuleh ist das bekannteste der Dörfer im Westelburs, aber es gibt viele andere, die in gleicher Weise gebaut sind und oft sehr abgeschieden ihre alten Traditionen in Kleidung, Nahrung und Handwerk leben.

60 km nordöstlich von Masuleh liegt Rasht, die Hauptstadt dieser Provinz, die zugleich mit ca. 650 000 Einwohnern größte iranische Stadt im Tiefland am Kaspischen Meer ist. Die Stadt hat wenig an kulturellen Werten zu bieten, war und ist aber ein bedeutender Handelsort, dessen alter Basar zum einen für die verschiedenen Lebensmittel (Gemüse, Obst wie etwa Granatäpfel und Melonen, Sonnenblumenkerne, Pistazien, dazu auch Fisch aus dem Kaspischen Meer) und zum anderen für seine Teppiche und Stoffe bekannt ist.

► Ausläufer des Elburs-Gebirges
►► Dorf im Elburs-Gebirge
►►► Granatäpfel, Markt in Rasht, Iran

Von Rasht aus sind es nur wenige Kilometer bis zur Küste des Kaspischen Meeres, des mit 386 000 km² größten Binnensees der Welt. Der See ist in Nord-Süd-Richtung fast 1200 km lang, seine größte Tiefe liegt bei 995 m. Doch liegt dieser Salzsee bereits 28 m unter dem Meeresspiegel. Im See leben 150 Fischarten, besonders bekannt ist der Stör wegen des von ihm gewonnenen Kaviars.

In der Hafenstadt Bandar-e Anzali werden die Fische auf dem großen Fischmarkt umgeschlagen. Auch finden sich hier die Produktionsstätten für den iranischen Kaviar; fast 80% der gesamten Weltproduktion stammen aus dem Iran, der Rest aus Russland und Rumänien. Die etwa 120 000 Einwohner zählende Stadt liegt etwa 380 km westlich von Teheran und war besonders ab der zweiten Hälfte des 19. Jahrhunderts, als Aserbaidschan zu Russland kam, unter russischem Einfluss.

Ardabil – Seiden- und Teppichstadt

Von den Hafen- und Handelsstädten am Kaspischen Meer aus führt der nördliche Zweig der Seidenstraße nach Nordwesten in das Gebirge Kuh-e Sabalan. Dieser Gebirgsstock zwischen den Städten Ardabil und Täbris (vgl. Seite 158f.) ist wie alle nordiranischen Gebirge vulkanischen Ursprungs. Der höchste Berg, der Sabalan, ragt bei Ardabil 4811 m auf, aber auch andere Berge der Kette erreichen Höhen von fast 4000 m. Die Vulkankegel machen den landschaftlichen Reiz dieser Region aus.

Im Osten des Sabalan-Gebirges liegt in 1300 m Höhe die Stadt Ardabil (auch Ardebil) mit einer halben Million Einwohner. Die Stadt ist heute bekannt für die Ardabil-Teppiche, die mit leuchtenden Farben und geometrischen Mustern dünn geknüpft sind. Auch gibt es im Umfeld der Stadt eine Produktion von Seide und Seidenstoffen. Landwirtschaftlich wird die Provinz Ardabil für den Anbau von Gemüse und Obst genutzt, die auf den Basaren der Stadt gehandelt werden.

Im Basar von Ardabil, Iran

Ardabil kann auf eine lange Geschichte zurückblicken. Die Stadt wurde im 5. Jahrhundert von den persischen Sassaniden gegründet; ihr Name kann auf die altpersische Sprache Avestisch zurückgehen, die im ersten Jahrtausend v. Chr. im persischen Raum gesprochen wurde. Trifft dies zu, dann bedeutet »artavil« im Avestischen »Heiliger Platz«. Nach der arabischen Eroberung Vorder- und Zentralasiens im 7. Jahrhundert n. Chr. wurde Ardabil zur Provinzhauptstadt der Region Aserbaidschan. Die Mongolen zerstörten im 13. Jahrhundert die Stadt und richteten wie auch anderenorts ein Massaker an. Bis zu diesem Zeitpunkt war Ardabil auch einer der Handelsstützpunkte der Seidenstraße. Erst im 16. Jahrhundert wurde die Stadt wieder aufgebaut, als Ismail I., der Begründer der persischen Safawiden-Dynastie, von Ardabil aus sein Reich errichtete.

Der sogenannte Allah-Turm im Shaikh-Safi-Mausoleum, Ardabil, Iran

Die bedeutendste Sehenswürdigkeit in Ardabil ist das Mausoleum von Shaikh Safi al-Din (1252–1334), der in Ardabil lebte und als Vorfahre der Safawiden gilt – von ihm leitet sich auch der Name dieser von 1501–1722 regierenden Dynastie ab. Safi war der hochverehrte Führer eines Sufi-Ordens, dessen Zentrum im Bereich des heutigen Mausoleums lag. Die mystischen Strömungen des Islam (Sufis) werden auch heute im Iran gepflegt und gefördert – trotz der Widerstände von manchen konservativen Geistlichen.

Das Mausoleum besitzt um einen großen rechteckigen Innenhof angelegt eine Reihe von verschiedenen Räumen. Ins Auge fällt zuerst außen der runde Grabturm von Shaikh Safi, der mit blauer Ziegelsteinornamentik geschmückt ist. Weil diese Ornamente vielfach, wenn auch jeweils um 90° gedreht, das Wort »Allah« (für arabisch »der Gott«) zeigen, wird er auch der Allahturm genannt. Vom Innenhof zugänglich ist die große achteckige Gebetshalle des Mausoleums mit sechzehn Säulen. Über verwinkelte Gänge erreicht man das Laternenhaus, eine zweigeschossige Halle mit Nischen und Stalaktitengewölben – der Ort, in dem die Pilger meditierten. Von hier aus gelangt man auch in den Grabturm und in die daneben liegende Grabkammer des Sufi-Heiligen. Den Abschluss bildet das Chini Khanch (Porzellanhaus), ein achteckiger, reich dekorierter Festssaal.

Täbris – Ostaserbaidschan

Täbris (auch Tabriz) ist mit 2,2 Millionen Einwohnern die größte Stadt im Nordwesten des Irans. Sie liegt im Bergland zwischen dem Gebirge Kuh-e Sabalan im Osten, dem Urmiasee (vgl. Seite 182) und der Grenze zur Türkei im Westen und der Grenze zu Armenien und Aserbaidschan im Norden.

Der Ursprung der Stadt Täbris lässt sich nicht mehr festmachen. Es ist denkbar, dass Täbris auf die Zeit der Sassaniden (3.–6. Jahrhundert) zurückgeht, auch eine Gründung durch den Abbasidenherrscher Harun ar-Rashid ist möglich. Andere Quellen sprechen von einer Gründung der Stadt in vorchristlicher Zeit. Doch erst in der Mongolenzeit wurde die Stadt bedeutsam, weil die Ilkhane, die Herrscher eines Teilreiches der Mongolen, Täbris zur Hauptstadt ihrer Herrschaft machten. Auch unter der Dynastie der Safawiden war Täbris von 1502 bis 1548 Hauptstadt. Auf etwa 1300 m Höhe gelegen, hat Täbris ein angenehmes Klima; problematisch ist jedoch die Erdbebengefahr in diesem Gebiet, 1780 etwa wurde die Stadt durch ein Erdbeben völlig zerstört. Aus den vielen Thermalquellen rund um die Stadt kann sich der Name »tap-riz« entwickelt haben: »Wärme fließt«. Die Einwohner der Stadt gehören in der Mehrheit dem Turkvolk der Aseris (Aserbaidschaner) an.

Blaue Moschee (Kabud-Moschee), Täbris, Iran

Größte Sehenswürdigkeit der Stadt ist die im Jahr 1465 erbaute Kabud-Moschee. Sie wird auch die »Blaue Moschee« genannt, weil ihr Eingangsiwan und zudem die Wände im Inneren mit einem Mosaik aus Fliesen in kräftigen Blautönen verziert sind. Das Gebäudeensemble der Blauen Moschee enthält neben dem eigentlichen Gebetsraum ein Grabmal des turkmenischen Herrschers Chatun Dschan Begun, ferner Schule, Bibliothek, Hamam und weitere Nebengebäude. Architektonischer Mittelpunkt der Moschee ist eine hohe Kuppel aus Ziegelsteinen, die auf einem rechteckigen Fundamentgebäude aufliegt. Dieser Bauteil ist nach den verschiedenen Erdbeben (das letzte im Jahr 2012) wieder vollständig restauriert, die Nebengebäude sind noch zum Teil zerstört. Die blauen Fliesen der Moschee sind mit floralen Ornamenten und Koranversen in einem äußerst komplizierten Muster geschmückt; der als Mausoleum des Fürsten genutzte Teil dagegen zeichnet sich durch feinste Marmorarbeiten aus – für den Fürsten war nichts kostbar genug.

In Täbris finden sich weitere bedeutende Moscheenbauten: Eine davon hat eine solche Größe und massive Befestigung, dass sie als Arg-e Alishah, als Zitadelle bezeichnet wird; sie besitzt den größten Eingangsiwan einer Moschee im Iran. Auch die Freitagsmoschee aus seldschukischer Zeit und die Saheb-al-Amr-Moschee, die im Jahr 1636 gebaut wurde, sind in Täbris herausragende Bauten.

Das gebirgige Umland von Täbris ist geprägt von Landwirtschaft; Viehzucht, Sonnenblumenfelder und in den bewässerten Tälern auch Obst- und Gemüsefelder bestimmen das landschaftliche Bild der Täler, die Berge selbst ragen karg über den relativ gering besiedelten Talgründen.

Im Umland von Täbris, Iran:
▶ Viehzucht
▶▶ Sonnenblumenernte

Qara Kelisa – die Schwarze Kirche

Fährt man von Täbris weiter nach Nordwesten auf den alten Wegen der Seidenstraße, so gelangt man nach etwa 100 km zu einer Stelle, wo man im Westen – bereits auf türkischem Gebiet – den vergletscherten Gipfel des Großen Ararat mit seinen 5137 m Höhe sieht, auch der Kleine Ararat mit 3896 m ist zu erkennen. Hier findet sich das Wohngebiet der Armenier im Iran, einer kleinen Minderheit, die in Isfahan ein eigenes Wohnviertel hat, aber meist den Nordwesten des Iran besiedelt.

Ihr spirituelles Zentrum ist das armenische Kloster St. Stephanus, heute unmittelbar an der iranisch-armenischen Grenze gelegen und seit 2008 eine Weltkulturerbestätte. Die große Klosterkirche ist dem heiligen Judas Thaddäus gewidmet und wird auch »Qara Kelisa« – »Schwarze Kirche« genannt (auch Karakelisa). Der Apostel Judas Thaddäus soll im Jahr 35 von Israel aus hierher gekommen, die armenische Bevölkerung missioniert und diese Kirche errichtet haben. Er starb als Märtyrer, sein Grab wird in der Kirche neben dem Altar verehrt.

Qara Kelisa (Schwarze Kirche), Iran

Durch ein Erdbeben sei die Kirche, so die armenische Legende, im 14. Jahrhundert zerstört, schon bald aber wieder aufgebaut worden. Im 19. Jahrhundert folgten Anbauten, die Klostergebäude und ein Glockenturm. Im ursprünglichen Bau sei ein schwarzer Vulkanstein verwandt worden, deshalb heißt die Kirche »Schwarze Kirche«; anders als heute, wo ein gelblicher Sandstein das Gesamtbild prägt.

Herausragend ist die Qara Kelisa durch ihre großflächigen und präzise gearbeiteten Sandsteinreliefs in den Außenwänden. Zu finden sind dort Kreuze und Evangelistensymbole, Engel, Apostel und Heilige, dazu Friese mit Tieren und floralen Motiven wie etwa Weinranken. Aber es finden sich auch Jagdszenen und Darstellungen von Kämpfen und Liebespaaren.

Kreuz und Evangelisten, ca. 2 m hohes Relief in der Außenwand der Qara Kelisa, Iran

Chor Virab – das Gründungskloster

Die Nordroute der Seidenstraße vom Iran zum Schwarzen Meer führt durch die beiden Länder Armenien und Georgien, die trotz ihrer räumlichen Nähe landschaftlich wie in ihrer Geschichte sehr unterschiedlich sind. Armenien (zu Georgien vgl. Seite 168) ist ein rauhes, karges Land, geprägt von der Bergwelt des Kleinen Kaukasus; es liegt auf einer Durchschnittshöhe von 1800 m. Der Kleine Kaukasus verläuft auf einer Länge von ca. 600 km von West nach Ost, sein höchster Gipfel ist der Murovdag in Aserbaidschan mit 3724 m Höhe. Armenien hat auf einer Fläche von ca. 30 000 km^2 eine Einwohnerzahl von ca. drei Millionen.

Die Geschichte Armeniens reicht bis in das 6. Jahrhundert v. Chr. zurück. Zuerst von Persern und Griechen (Alexander der Große) beherrscht, gibt es ab 188 v. Chr. einen armenischen Staat. Armenien bekannte sich ab 301 n. Chr. als erster Staat zum Christentum. In den folgenden Jahrhunderten wurde Armenien wie auch seine Nachbarregionen immer wieder zum Kampfplatz der verschiedenen Mächte, die in dieser Region um die Vorherrschaft stritten: Römer und Sassaniden, Araber und Byzanz, dann die ägyptischen Mamluken, die mongolischen Ilkhane, schließlich die Turkvölker von Seldschuken bis Osmanen. Das armenische Siedlungsgebiet weitete

Kloster Chor Virab, Armenien, vor dem Berg Ararat, Türkei

sich jedoch bis zum Mittelmeer aus. 1915 kam es durch die »Jungtürken« im Osmanischen Reich zum Völkermord an dem westlich des heutigen Armeniens lebenden armenischen Bevölkerungsteil. Ostarmenien war zu diesem Zeitpunkt Teil Russlands, es wurde 1991 unabhängig.

Kreuzstein, Sevankloster, Armenien

Das Kloster Chor Virap (»tiefes Verlies«) liegt ca. 40 km südöstlich der Hauptstadt Jerewan. Die Gründungslegende des Klosters lautet: König Trdat III. hielt ab dem Jahr 288 n. Chr. den christlichen Missionar Gregor den Erleuchter in einer Höhle unter dem heutigen Kloster gefangen. Doch als der Heilige den König von einer Krankheit heilen konnte, ließ sich Trdat taufen und auf seinen Befehl mit ihm das ganze armenische Volk. Das heutige Kloster Chor Virap stammt aus dem 17. Jahrhundert, doch für Armenier in der ganzen Welt hat es die Funktion eines Gründungsklosters der armenischen Nation und wird entsprechend häufig von Pilgern besucht.

Relief Christus zwischen Petrus und Paulus, Eingang zur Täuferkirche im Kloster Noravankh, Armenien

Etschmiadsin – die armenische Kirche

Seit 1700 Jahren ist das Christentum in Armenien Staatsreligion. Die Armenier glauben, dass bereits die Apostel Judas Thaddäus (vgl. Seite 160f.) und Bartholomäus in ihrem Gebiet missioniert haben. Doch die Gründung einer nationalen armenischen Kirche wird dem aus dem Partherreich stammenden Gregor (240–331) zugeschrieben, der der »Erleuchter« genannt wird, weil er dem armenischen Volk das Licht des Christentums gebracht hat. Ab dem Jahr 301 ist das Christentum Staatsreligion, allerdings in einer, sich von anderen orthodoxen und den westlichen Kirchen unterscheidenden Form, was die Stellung Jesu betrifft: Ebenso wie ägyptische Kopten, Äthiopier und die Christen der syrisch-orthodoxen Kirche glauben die Armenier, dass sich in Jesus göttliche und menschliche Natur unlösbar verbinden, und nicht zwei Naturen nebeneinander in einer Person enthalten sind wie es die anderen christlichen Kirchen glauben.

Oberhaupt der armenischen Kirche ist ein Katholikos, der heute in der alten Stadt Etschmiadsin regiert. Armenische Mönche haben in der Geschichte des Landes wesentlich zur Kultur des Volkes beigetragen, so erfand der Mönch Mesrop Maschtot im Jahr 406 das armenische Alphabet, das bis heute gültig ist und durch armenische Missionare auch die äthiopische Schrift Geez beeinflusst hat.

Kathedrale in Etschmiadsin, Armenien

Die Kirche der heiligen Hriphsime, Etschmiadsin, Armenien

Die 50 000 Einwohner zählende Stadt Etschmiadsin ist das geistliche Zentrum des Landes. Hier befindet sich die Kathedrale und der Sitz des Katholikos. Die Grundmauern der Kathedrale gehen bis auf das Jahr 303 zurück, doch der Hauptteil der Kirche stammt aus dem 5. Jahrhundert, nur wenige Anbauten und Ergänzungen sind aus späterer Zeit. Nur der Glockenturm wurde erst im 17. Jahrhundert angebaut. Innen ist die Kathedrale reich mit Fresken und Bildwerken geschmückt. Die Bemalung der Kathedrale unterscheidet den Bau von anderen armenischen Kirchen, die innen schlicht gehalten sind. An der Außenwand der Kathedrale steht ein leicht beschädigter Kreuzstein in klaren Formen – es ist der älteste Kreuzstein Armeniens.

Eine schlichte Ausstattung findet sich auch in der am Stadtrand liegenden Kirche der heiligen Hriphsime aus dem 7. Jahrhundert. Hriphsime war eine der ersten Christinnen Armeniens und wurde hier vom heiligen Gregor bestattet.

Der älteste Kreuzstein Armeniens, Kathedrale von Etschmiadsin, Armenien

Nordarmenien – karges Land

Fährt man von Etschmiadsin oder der Hauptstadt Jerewan (Eriwan) in den Norden Armeniens, um dann die Grenze nach Georgien zu passieren, so gelangt man über hohe Pässe hinweg und eine karge Berglandschaft querend zur kleinen Stadt Spitak. Diese Stadt wurde 1988 bei einem Erdbeben fast völlig zerstört, 25 000 ihrer 40 000 Einwohner kamen dabei ums Leben. Die ganze Region zwischen Hohem und Kleinen Kaukasus wird häufig von Erdbeben heimgesucht, weil hier die eurasische und die arabische Platte aneinanderstoßen.

Nördlich von Spitak gelangt man über eine Schnellstraße nach Stepanavan und kann einen westlichen Weg nach Georgien und in die georgische Hauptstadt Tiflis wählen. Interessanter ist es aber, wenn man sich nach Nordosten wendet und entlang der sogenannten Klosterstraße die verschiedenen, teils sehr alten Klosteranlagen Nordarmeniens besucht. In den abgelegenen Tälern der armenischen Provinz Lori entstanden christliche Klosterakademien mit Bibliotheken und Skriptorien, die im Mittelalter wesentlich zum wissenschaftlichen Fortschritt beigetragen haben.

Ein erster dieser Orte ist Khobajr, dessen Klosteranlage teilweise verfallen ist, wo aber in der Kirche selbst noch große farbenfrohe Fresken biblische Szenen und Heilige zeigen.

Mädchen in Odsun, Armenien

Bedeutender ist das Dorf Odsun mit seiner zu Beginn des 8. Jahrhunderts erbauten monumentalen Kathedrale und zwei kleinen Klöstern. Die Kathedrale geht auf einen armenischen Katholikos Hovhannes Odzents'i zurück, der von 717 bis 728 die armenische Kirche leitete und grundlegend reformierte. Der hohe Kirchenbau ist bestimmt von einer sechzehneckigen Kuppel, die Ausstattung der Kirche ist sparsam. Wohl aber finden sich vielerlei Reliefe, die jeweils auf das Johannesevangelium hindeuten, u.a. ein thronender Christus mit einem Johannesevangelium in der Hand.

In Goshavankh, Armenien

Eine weitere große Klosteranlage, von der aber außer einer Kapelle nur Grundmauern erhalten geblieben sind, liegt in der Nähe von Odsun. Auch dieses Kloster in Ardvi soll auf den Katholikos Hovhannes zurückgehen; in einem weiteren kleinen Kloster in unmittelbarer Nähe ist er begraben. Im weiteren Wegverlauf kommt man am Kloster Sanahin vorbei, das bereits von Gregor dem Erleuchter im 4. Jahrhundert gegründet sein soll. Am Ende der Klosterstraße schließlich, hinter der Stadt Alaverdi und nun nicht mehr weit von der georgischen Grenze entfernt, liegt Haghbat, eine von einer Mauer umschlossene Anlage, seit 1996 Weltkulturerbestätte. Die Kreuzkuppelkirche stammt aus dem 10. Jahrhundert, ergänzende Bauten wie die Bibliothek und der Gavith (Vorbau der Kirche) wurden in den Jahrhunderten danach errichtet.

Kreuzkirche, Haghbat, Armenien

Tiflis/Tbilissi

Bereits Marco Polo hat über das Land Georgien geschrieben: »Georgien liegt an zwei Meeren, im Norden am Schwarzen Meer, im Osten am Mare Abacco [Kaspisches Meer]. In den geschützten Ebenen und Bergen gibt es Haine, wo ausschließlich der Buchsbaum wächst. In den Dörfern und Städten Georgiens werden die schönsten Seidenstoffe und golddurchwirkte Gewebe hergestellt. Das Volk kennt keinen Mangel, es lebt vom Handel und Ackerbau. Das Land ist gebirgig. Dort befindet sich das prächtige Tiflis. Viele Burgflecken und Ortschaften sind von dieser mächtigen Stadt abhängig. Christen wohnen da, einige Sarazenen und Juden.«

Auch das ca. 70 000 km^2 große Georgien mit seinen heute 4 Millionen Einwohnern kann auf eine lange Geschichte zurückblicken. Erste staatliche Strukturen lassen sich bereits 1300 v. Chr. ausweisen; für die alten Griechen war dieses Gebiet das sagenhafte Kolchis, wo die legendären Argonauten nach dem Goldenen Vlies suchten. Auch die Georgier, eine ibero-kaukasische Volksgrupppe mit eigener Sprache und Schrift, wurden zu Beginn des 4. Jahrhunderts christlich. Die Landschaft ist tiefer gelegen als Armenien, sie erscheint lieblicher und grüner; das Land ist fruchtbarer als der südliche Nachbar.

Ikonen in der Dawidskapelle, benannt nach einem syrischen Heiligen Dawid, Tiflis, Georgien

Von der armenischen Hauptstadt Jerewan (Eriwan) sind es ca. 300 km bis zur georgischen Hauptstadt Tiflis (auch Tbilissi). Dies ist eine Stadt mit 1,4 Millionen Einwohnern, auf etwa 400–600 m Höhe gelegen (Jerewan auf 1000 m). Die Stadt wurde von König Wachtang Gorgassali um 550 n. Chr. gegründet, doch gibt es Siedlungsspuren aus viel älterer Zeit. König Wachtang wählte diesen Ort, weil es hier Schwefelquellen gab, die ihm Heilung seiner Hautkrankheit verschafften. Auch heute gibt es im Stadtgebiet an mehreren Stellen Schwefelbäder, überkuppelte Einrichtungen, die an türkische Hamams erinnern.

Die christliche Geschichte des Landes zeigt sich in Tiflis an einer Fülle von Kirchen in der Altstadt; in der Neustadt dagegen ragt die neue Zameba-Kathedrale mit ihrem Kuppelturm aus dem Häusermeer heraus, eine der größten orthodoxen Kirchen der Welt. Doch wichtiger als dieser Bau vom Ende des 20. Jahrhunderts sind die alten Kirchen Metechi, Zioni, Antschißchati und Dshwarismama. Außerdem gibt es noch armenische Kirchen, einen Parsentempel und eine Synagoge in der Altstadt. Über der Stadt thront die Festung Narikala mit ihren beeindruckenden Mauern, aus denen die kleine Nikolai-Kirche aus dem 12. Jahrhundert herausragt. Von dort blickt man auf die Dächer der verwinkelten Altstadt und die größeren Gebäude der gegenüberliegenden Neustadt.

Tiflis:
► Altstadt
►► Festung Narikala
►►► Schwefelbäder

Mzcheta – religiöses Zentrum Georgiens

Wenn Tiflis auch die heutige Hauptstadt Georgiens ist, so weist die kleine Stadt Mzcheta (auch Mtskheta) die ältere Geschichte auf – es ist eine Stadt, deren Existenz bereits ca. 1000 v. Chr. nachgewiesen wurde. Von ca. 500 v. Chr. bis 600 n. Chr. war Mzcheta die Hauptstadt des Königsreichs von Iberien und Kartli. Auf der Nordroute der Seidenstraße war Mzcheta ein wichtiger Handelsort. Zudem war die Stadt befestigt, sodass hier ein sicherer Stützpunkt für die Reisenden und Seidenstraßenhändler vorhanden war. Die Stadt liegt am Zusammenfluss von Kura und Aragwi, die, aus dem Großen Kaukasus kommend, zum Schwarzen Meer fließen. Mzcheta ist zugleich das religiöse Zentrum des Landes.

► Dshwari-Kirche (Kirche zum Heiligen Kreuz), ►► Bäuerin, Mzcheta, Georgien

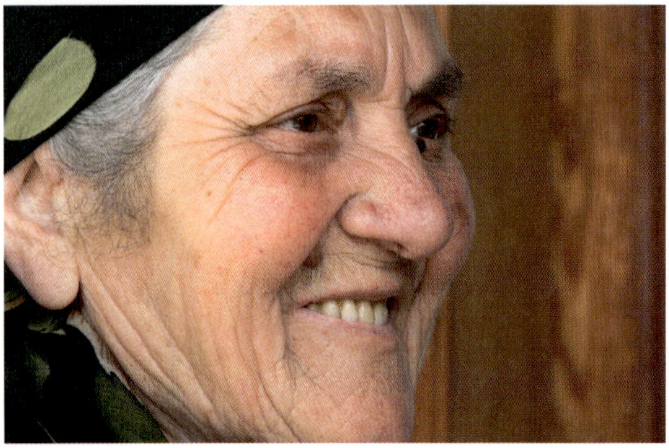

Sehenswert ist die im 11. Jahrhundert erbaute Sweti-Zchoweli-Kathedrale, die als Kreuzkuppelbau auf den Grundmauern einer viel älteren Kirche ruht. Der Name »Lebensspendender Baum« geht auf eine Gründungslegende zurück, nach der bei der Missionierung Georgiens durch eine syrische Frau ein Wunder geschah, als aus einem der für den ersten Kirchenbau vorgesehenen Bäume ein heilender Balsam hervortrat. Die Kirche selbst wurde in der arabischen, mongolischen und seldschukischen Zeit entweiht und schwer beschädigt, doch im 19. Jahrhundert wieder in ihre alte, prachtvolle Form gebracht.

Neben der Festung Armasis Ziche und dem in der Nähe der Stadt liegenden Frauenkloster Samtawro ist in Mzcheta besonders die malerisch auf einem Hügel liegende Dshwari-Kirche zu erwähnen (Kirche zum Heiligen

Kreuz). Dies ist die älteste Kreuzkuppelkirche Georgiens und ein bedeutendes Denkmal frühgeorgischer Kirchenarchitektur. An dieser markanten Stelle gab es bereits in der Antike ein Heiligtum. Die Missionarin Georgiens, die heilige Nina, errichtete hier ein Kreuz, das dann wenig später von einer Kapelle umgeben wurde. Gegen Ende des 6. Jahrhunderts dann wurde der heutige Bau errichtet. Auf dem Felsenfundament des Kreuzes aus dem 4. Jahrhundert steht auch heute mitten in der Kirche ein großes Holzkreuz, das an die Geschichte der Missionierung Georgiens erinnert.

45 km nördlich von Mzcheta befindet sich ein weiterer Höhepunkt georgischer Geschichte und Architektur: die Festung und Kirche Ananuri. Oberhalb eines Stausees und an der legendären Georgischen Heerstraße gelegen, bewacht die ab dem 13. Jahrhundert entstandene Festung den nördlichen Zuweg in die zentralgeorgischen Täler. Über die flacheren Festungs- und Palastgebäude ragen zwei Kirchen aus dem Ensemble heraus: die ältere Erlöserkirche, eine kleine Kuppelbasilika, und die erst im 17. Jahrhundert gebaute Mariä-Himmelfahrt-Kirche (»Kirche der Entschlafung der Gottesgebärerin«). Ihre Südfassade ist mit einem überdimensionalen Kreuz als Reliefarbeit geschmückt.

Festung und Kirche Ananuri, Georgien

Der Weg zum Schwarzen Meer

Georgien ist bestimmt von einer Völkervielfalt, die bis heute zu politischen Auseinandersetzungen und Abspaltungen führt (vgl. das ungelöste Problem der Regionen Abchasien und Südossetien). Neben den eigentlichen Georgiern, die mit ca. 75 % die Bevölkerungsmehrheit stellen, gibt es beträchtliche Minderheiten von Aserbaidschanern, Armeniern, Russen, Osseten, Abchasen, Adschiken, Tscherkessen, Tschetschenen, Inguschen und anderen Völkern mehr. Deshalb werden in Georgien über 20 verschiedene Sprachen gesprochen, die wichtigsten sind neben Georgisch Aserbaidschanisch, eine Turksprache, Armenisch, Abchasisch und Ossetisch. Mit dieser Vielfalt von Volksgruppen, Sprachen und kulturellen Besonderheiten kommt man auf dem Weg von Tiflis zum Schwarzen Meer immer wieder in Berührung.

Dabei passiert man die Provinz Kartli, die im Norden vom Großen, im Süden vom Kleinen Kaukasus umgeben ist. Durch diese Provinz führte die Nordroute der Seidenstraße, heute verläuft hier die wichtigste Fernverkehrsstraße Georgiens, die M 1. In dem fruchtbaren Land wird vor allem Obst angebaut – Äpfel und Birnen, aber auch Kirschen und Aprikosen, dazu Trauben für den ausgezeichneten georgischen Wein.

Höhlenstadt Uplisziche, Georgien

An bedeutsamen Orten dieser dicht bevölkerten Region ragt die Höhlenstadt Uplisziche hervor, ca. 12 km nördlich der größeren Stadt Gori gelegen. Bereits vor dreitausend Jahren lebten hier Menschen in natürlichen und künstlich geschlagenen Wohnhöhlen. Ab dem 6. Jahrhundert vor Christus wurde der Ort stark befestigt, sodass Uplisziche erst im 13. Jahrhundert beim Mongolensturm erstmalig erobert wurde. Bis dahin war die Festungsstadt ein wichtiges Handelszentrum an der nördlichen Route der Seidenstraße, über 5000 Einwohner lebten hier, dazu kamen die Händler der Seidenstraßenkarawanen. Die Stadt besaß Kanäle für die Wasserversorgung und das Abwasser. In der Unterstadt war das Viertel der Händler mit Karawansereien und Lagerhöhlen aber auch Werkstätten für die verschiedenen Handwerksberufe. Die Wohnbereiche der Stadt lagen höher und waren nur über steile Treppenaufstiege zu erreichen. An der höchsten Stelle befindet sich der Fürstenpalast und die dreischiffige Felsenbasilika aus dem 10. Jahrhundert mit ihren schönen Fresken.

Höhlenstadt Uplisziche, Georgien

Die 800 Jahre alte Stadt Gori mit knapp 50 000 Einwohner ist ein Handelsort mit einer Felsenfestung (Goris-Ziche). Ansonsten ist die Stadt nur deshalb bekannt, weil hier im Jahr 1878 Josef Wissarionowitsch Stalin geboren wurde. Sein Geburtshaus, ein ärmliches Häuschen, wird heute von einem bombastischen Säulenpavillon geschützt.

Markt in Gori, Georgien

In der wenig sehenswerten Hafenstadt Poti gelangt man auf der Seidenstraßenroute an das Schwarze Meer. Von hier fuhren und fahren die Schiffe nach Westen – bis nach Byzantion/Konstantinopel/Byzanz/Istanbul und von dort weiter durch das Mittelmeer bis nach Rom.

Konstantinopel/Byzanz/Istanbul

Nach der Schifffahrt über das Schwarze Meer und den Bosporus wird Istanbul erreicht, früher Byzantion, Konstantinopel und Byzanz genannt. Hier befindet sich einer der westlichen Endpunkte der Seidenstraße (vgl. Seite 24f.). Bereits um 660 v. Chr. wurde die griechische Kolonie Byzantion gegründet; die Handelsstadt an einer strategisch wichtigen Stelle wuchs rasch. So machte Kaiser Konstantin 330 n. Chr. die Stadt zum Mittelpunkt des Römischen Reiches, zur Hauptstadt Nova Roma (das neue Rom). Dieser Name wurde nach seinem Tod in Konstantinopel verändert; die mit gewaltigen Bauten geschmückte Stadt wurde zur größten und reichsten Stadt des Mittelmeerraumes, das nunmehr Oströmische Reich griff zudem auf den alten Namen Byzanz zurück. 1453 wurde die Stadt durch den siebten Sultan des Osmanischen Reiches, Mehmet II. (1432–1481) erobert. Heute hat die Stadt, die seit der osmanischen Eroberung Istanbul (= »in die Stadt«) heißt und von 1453–1923 Hauptstadt des osmanischen Reiches war, etwa 15 Millionen Einwohner.

Für die Seidenstraße hatte Konstantinopel/Istanbul besonders in der Spätzeit dieses Handelsweges große Bedeutung, denn die Lage, Größe und politische wie wirtschaftliche Bedeutung dieser Stadt machte sie zu einer Schlüsselstelle des West-Ost-Handels. Dies

Hagia Sophia, Istanbul, Türkei

verstärkte sich, als beim Vierten Kreuzzug Konstantinopel im Jahr 1204 erobert und danach für 60 Jahre ein Lateinisches Kaiserreich errichtet wurde. In dieser Zeit kamen Kauflaute von den italienischen Handelsstädten Genua und Venedig (vgl. Seite 204f.) und eröffneten Handelsniederlassungen – auch die Familie der Polos tat dies (vgl. Seite 42f.).

Aufgrund ihrer langen Geschichte von den Römern bis zu den Osmanen ist die Stadt voller städtebaulicher Erinnerungen an die unterschiedlichen Blütezeiten: Antik sind die Konstantinssäule, die theodosanische Stadtmauer und viele weitere Gebäude. Aus der Zeit Kaiser Justinians I. (527–565) stammt der Bau der Hagia Sophia, zuerst christliche Kirche, dann islamische Moschee, heute Museum. Spätbyzantinisch ist u.a. die Chorakirche mit ihrem herausragenden Bildprogramm. Osmanische Bauten sind u.a. der Palast Topkapi und die Blaue Moschee (eigentlich Sultan-Ahmed-Moschee).

Blaue Moschee, Istanbul, Türkei

Gewürzhandel im Ägyptischen Basar, Istanbul, Türkei

Hamadan

Biegt man in Ghom nicht auf die Nordroute der Seidenstraße über Qazvin, Armenien und Georgien zum Schwarzen Meer ab, sondern wählt die direkte Route zum Mittelmeer über den Westiran, den Irak, Syrien und Libanon, dann gelangt man nach 80 km in die 200 000 Einwohner zählende iranische Stadt Saveh.

Saveh wurde von Marco Polo mit der Erzählung von den Weisen aus dem Osten verbunden. Marco Polos Bericht lautet: »Persien war einst ein bedeutendes Reich; in letzter Zeit erst haben die Tartaren [Mongolen] das Land verwüstet. Aus der persischen Stadt Sava stammen die Drei Weisen, die Jesus Christus angebetet haben. Sie sind hier in drei schönen Gräbern beigesetzt. Die drei kubischen Grabmäler mit Kuppeldächern stehen eins neben dem andern, Kopfhaare und Bart, sogar die Körper der Toten sind noch erhalten. Wir kennen die drei Namen: Balthasar, Kaspar und Melchior.«

Minarett der Freitagsmoscheee, Saveh, Iran

Die Gräber der »Drei Könige« findet man heute in Saveh nicht mehr, wohl aber eine unscheinbare seldschukische Meydan-Moschee mit dem ältesten seldschukischen Minarett des Iran. Größer und heute bedeutender ist die Freitagsmoschee von Saveh, die auf die frühislamische Zeit ab 8. Jahrhundert zurückgeht. Ihr Minarett aus dem Jahr 1110 mit schönem Ziegelsteindekor ist nur noch bis zu einer Höhe von 14 m erhalten geblieben.

Weitere 200 km weiter westlich von Saveh liegt in einer Höhe von 1800 m die Provinzhauptstadt Hamadan, einer der bedeutendsten Orte für das gesamte mesopotamische Gebiet. Hier ist ein Knotenpunkt der bedeutenden Handelswege von Ost nach West, aber auch von Nord nach Süd (von Tä-

Das Grab von Ester und Mordechai, Hamadan, Iran

bris zum Persischen Golf). Wirtschaftlich ist die Stadt mit 500 000 Einwohnern heute abhängig von dem Obstanbau des umliegenden Landes und von der Teppichproduktion.

Hamadans Ursprünge gehen bis ins 3. vorchristliche Jahrtausend zurück. Unter dem Namen Ekbatana war die Stadt von 715–550 v. Chr. Hauptstadt des Mederreiches. Auch in der achämenidischen und später in der sassanidischenZeit war Hamadan von Bedeutung. Nach der arabischen Eroberung im Jahr 642 wurde die Region von Nachfahren des Propheten Mohammed beherrscht, doch schon bald herrschte hier der schiitische Islam vor. Nach verschiedenen arabischen Dynastien kamen 1055 die Seldschuken, die die Stadt zu einer neuen Blüte führten. Doch beim Mongolensturm wurde Hamadan 1224 zerstört, danach mehrfach wieder aufgebaut und erneut zerstört, zuletzt 1980 im irakisch-iranischen Krieg.

Bereits im 10. Jahrhundert war Hamadan zu einem Zentrum islamischer Gelehrsamkeit geworden. Hier wirkte u.a. der Universalwissenschaftler Abu Ali al-Husain ibn Abdullah ibn Sina (latinisiert Avicenna, 980–1037), an den heute ein modernen Denkmal erinnert. Ein wichtiger Pilgerort in Hamadan ist das (vermeintliche) Grab der beiden biblischen Gestalten Ester und Mordechai (vgl. das Buch Ester in der Bibel), um das heute eine jüdische Synagoge gebaut ist, in der nach wie vor eine jüdische Gemeinde zusammenkommt.

Kermanschah – Stadt der Sassaniden

Von Hamadan aus verläuft der Weg der Seidenstraßenroute weiter nach Westen und erreicht nach etwa 100 km die kleine Stadt Kangavar mit etwa 50 000 Einwohnern. Dort im fruchtbaren Kangavartal befindet sich eine archäologische Stätte, die auf die Parther- oder die spätere Sassanidenzeit zurückgeführt wird. Auf einer 220 x 210 m großen Plattform, 32 m über dem umliegenden Land, sind große ionische Säulen erhalten. Aus den in den Fels geschlagenen Pfostenlöchern zwischen den Säulen kann man auf einen Holzbau von 93 x 10 m schließen. Traditionell wird dieses Areal als Anahita-Tempel bezeichnet. Anahita war die altpersisch-zoroastrische Göttin des Wassers und damit der Fruchtbarkeit; in der griechischen Mythologie entspricht ihr die Göttin Artemis. Heute wird die Zuordnung des Geländes als Tempel infrage gestellt, weil man hier kein Wasserbecken gefunden hat – dies wäre aber bei einem Anahita-Tempel unverzichtbar gewesen. Doch der genaue Zweck dieser Stätte kann aus den wenigen Überresten nicht sicher geklärt werden – beeindruckend bleiben die massiven, ca. 3,5 m hohen Säulen dennoch.

Von Kangavar aus weitere 60 km weiter nach Westen erreicht man eine weitere archäologische Stätte, die Felsenreliefs von Bisotun, 30 km östlich von Kermanshah. Die älteste der Reliefarbeiten im hoch aufragenden Sandsteinfels stammt aus achämenidischer Zeit und zeigt den Sieg des Dareios I. (549–486 v. Chr., auch Darius) über seine Feinde. Wichtiger noch als die figürliche Darstellung des Großkönigs ist die darunter angebrachte Inschrift in den drei

Anahita-Tempel, Kangavar, Iran

Sprachen Altpersisch, Elamisch und Neubabylonisch (Keilschrift). Aus späterer Zeit nach Alexander dem Großen stammt ein anderes Relief, das den griechisch-mythologischen Helden Herakles zeigt, der sich auf seinem Löwenfell ausruht, die Herakles-Keule neben sich und einen Weinbecher in der Hand. Auch aus parthischer Zeit gibt es in Bisotun mehrere Reliefs, die die Kämpfe der Partherkönige gegen ihre Feinde darstellen. So zeigt Bisotun mit seinen verschiedenen Abbildungen die gesamte alte Geschichte Persiens.

Der Hauptroute der Seidenstraße weiter folgend gelangt man in die 850 000 Einwohner zählende Stadt Kermanshah. Sie wurde von den Sassaniden im 4. nachchristlichen Jahrhundert gegründet und von deren Königen als Sommerresidenz genutzt. Der Name der Stadt leitet sich vom Regenten der umliegenden Landschaft Kerman ab – der »Fürst (Shah) von Kerman« residierte hier. Auch die Araber nutzten die Stadt als Residenz, selbst der große Abbasidenherrscher Harun ar-Raschid (763–809) hielt sich hier auf. Unter den Seldschuken wurde die Stadt zur Hauptstadt der kurdischen Provinz ihres Reiches. An die Glanzzeit der Stadt unter den Sassaniden erinnern nur wenige Bauten der häufig zerstörten Grenzstadt zwischen Persien und dem Vorderen Orient. Aus safanidischer Zeit ab dem 15. Jahrhundert finden sich jedoch einige schön verzierte Takieh (auch tekiyeh = ummauerte Hofanlagen reicher Privatleute), die, wie das Beispiel der Takieh Moaavan Alanolk zeigt, in feinster Detailarbeit mit farbigen Kacheln im Stil der Safaniden geschmückt sind.

▶ Dekoration am Takieh Moaaven Alanolk, Kermanshah,
▶▶ Herakles auf dem Löwenfell, Bisotun, Iran

Kurdenland und Taq-e Bostan

Von Kermanshah aus führte der direkte Weg der Seidenstraße nach Bagdad; es gab aber auch Seitenwege, die weiter nach Norden führten und durch das Kurdenland den Bogen des Fruchtbaren Halbmonds erreichten. Die Kurden sind ein etwa 30 Millionen Menschen umfassendes Volk, das vor allem im Nordwesten Irans, im Norden von Irak und Syrien und im Südosten der Türkei lebt. Ihre Sprache gehört zur indoarisch-iranischen Sprachfamilie; die Kurden sind somit nicht mit Turkvölkern wie Türken oder Aseris verwandt. In allen von Kurden bewohnten Ländern gab und gibt es blutige Auseinandersetzungen um eine Unabhängigkeit bzw. Autonomie der Kurden. Die meisten Kurden sind sunnitische Muslime, aber es gibt Minderheiten der Jesiden und der im 14. Jahrhundert entstandenen Yarsan, beides synkretistische Religionen auf der Grundlage von Zoroastrismus und Islam. Die Kurden haben eine eigenständige Kultur entwickelt, im iranischen Gebiet leben sie hauptsächlich von der Landwirtschaft, von Obstanbau und von der Zucht von Ziegen und Schafen. Im Gebiet rund um den Urmia-See (vgl. Seite 182f.) gibt es eine Fülle kurdischer Dörfer, die entsprechend ihrer Traditionen und weithin von den ethnischen Iranern getrennt leben. Der Ort Achmanabad ist ein Beispiel für eine solche landwirtschaftlich geprägte Kurdensiedlung.

Wildschweinjagd von Chosrau II., Taq-e Bostan, Iran

Das gesamte Gebiet des Westirans war immer ein Durchzugsgebiet verschiedener Mächte und zugleich ein Streitpunkt zwischen den verschiedenen Reichen westlich und östlich der heutigen iranisch-irakischen Staatsgrenze. So wundert es nicht, dass man hier auch vielfältige kulturelle Zeugnisse der unterschiedlichen Reiche findet, die sich durch ihre Bauten oder Felsenreliefs in Erinnerung bringen.

Im Kurdendorf Achmanabad, Iran

Unter den vielen Felsenreliefs aus sassanidischer Zeit (226–650 n. Chr.) ragen die Reliefs von Taq-e Bostan wegen ihrer präzisen und kleinteiligen Arbeit heraus. Mehrere Reliefs schildern die Einsetzung bzw. Inthronisation (Investitur) der sassanidischen Könige Ardaschir II., Schapur III. und Chosrau II. und zeigen damit die Macht dieser Könige. Ein großes und wegen der Vielzahl der dargestellten Personen und Tiere, aber auch ihrer Lebendigkeit beeindruckendes Werk ist die sogenannte Wildschweinjagd des Königs Chosrau, bei der der König im Schilfmeer eines Flusses vom Boot aus große Wildschweine erlegt. Die Wildtiere werden dabei von Elefanten in einer Treibjagd zusammengetrieben und abtransportiert. Das Ganze scheint in einem ummauerten Paradeisos (Paradies), einem königlichen Garten, stattzufinden. Eine ähnliche Darstellung unmittelbar gegenüber zeigt eine Hirschjagd, hier unterstützen Elefanten und Kamele die Aktivitäten der Jäger.

Westiran – der Urmiasee

Das Siedlungsgebiet der Kurden erstreckt sich nördlich von Hamadan und Kermanshah rund um den Urmiasee. Der mit 5500 km² größte Binnensee des Iran ist eine Wasserwüste, denn sein Salzgehalt entspricht mit ca. 30 % dem des Toten Meeres: Pflanzen und Tiere gibt es bis auf wenige Krebsarten in diesem abflusslosen See nicht. Der auf ca. 1300 m Höhe liegende See ist flach, meist nur zwischen 5 und 10 m tief; seine Fläche schrumpft durch Verdunstung weiter, was die ökologischen Probleme der Versalzung erhöht.

Etwa 100 km südöstlich des Sees liegt bei der Ortschaft Takab in 2200 m Höhe der Takht-e Sulaiman (Thron des Salomon) und in drei Kilometer Entfernung davon der Zendan-e Sulaiman (Gefängnis des Salomon). Der Zendan ist ein etwa 100 m hoher Vulkankegel mit einem tiefen Krater; an seiner Spitze existieren Reste eines Gebäuderings, von dem unbekannt ist, ob sie als Festung oder als kultisches Heiligtum dienten. Der Takht dagegen ist eindeutig als achämenidische befestigte Siedlung zu charakterisieren. Doch erst nach der Zeitenwende, in sassanidischer Zeit, wurde die ovale Festungsmauer im heutigen Erscheinungsbild gebaut, dazu innerhalb des Mauerrings ein zoroastrischer Feuertempel und Palastgebäude rund um einen kleinen, aber 60 m

Takht-e Sulaiman, bei Takab, Iran

tiefen See im Zentrum der Anlage. Ein zweiter Tempelkomplex war wahrscheinlich der alten zoroastrischen Fruchtbarkeits- und Wassergöttin Anahita geweiht. Diese Tempel- und Palastgebäude wurden in der mongolisch-ilkhanischen Zeit von einem das ganze Areal umfassenden Jagdpalast mit großen Hallen, überkuppelten Räumen, Arkadengängen überbaut – alle Räume waren mit farbenprächtigem Bauschmuck versehen, der an wenigen Stellen noch erkennbar ist.

Die Zitadelle von Hasanlu Tepe, Iran

Ganz anders zeigt sich der unmittelbar südlich des Urmiasees liegende Grabungshügel Hasanlu Tepe. Die Siedlung Hasanlu wurde bereits um 2000 v. Chr. von den Mannäern, einem aus der südrussischen Steppe stammenden Volk, errichtet. Bis zum 9. vorchristlichen Jahrhundert, als Urartäer die Siedlung zerstörten, konnten sich die Mannäer hier halten. Heute sind archäologische Relikte über eine Fläche von ca. 600 m Durchmesser verstreut. Erkennbar ist ein große Zitadelle in der Mitte des Ortes mit einem Palast, einem Tempel und einem Schatzhaus. In diesem Gebäude fand man eine Vielzahl von Geräten und Schmuckstücken aus wertvollen Metallen.

Blick vom Zendan-e Sulaiman auf Takht-e Sulaiman, Iran

Bagdad – Stadt der Abbasiden

200 km westlich von Kermanshah erreicht man die iranisch-irakische Grenze, nach weiteren 200 km die Hauptstadt Bagdad. Der heutige Irak umfasst eine Fläche von ca. 430 000 km^2, also etwa ein Drittel mehr als Deutschland, bei einer Einwohnerzahl von ca. 36 Millionen. Doch ist die Bevölkerung nicht nur zwischen 80 % Arabern und 20 % Kurden im Norden geteilt, sondern auch zwischen den beiden Hauptrichtungen des Islam: 60 % sind schiitische Muslime, 37 % sunnitische; dazu kommen Christen, Jesiden und andere. Der Zuschnitt des Irak (ähnlich in Syrien) nach dem Zusammenbruch des Osmanischen Reiches, für den das durch ein Völkerbundmandat beauftragte Großbritannien verantwortlich ist, trägt zu den heutigen Konflikten dieser Region bei. An heiligen Stätten der Schia (vgl. Seite 142) sind Kerbala und Nadschaf südlich von Bagdad zu nennen.

Marco Polo erwähnt Bagdad als Stadt Baudac: »In Baudac residiert der Kalif aller Sarazenen, so wie in Rom das Haupt aller Christen residiert. Ein breiter Fluss durchfließt die Stadt. Er ist schiffbar bis ins Indische Meer; es herrscht da ein eifriger Handelsverkehr. Dem Kalifen von Baudac gehört der größte Schatz an Gold, Silber und Edelsteinen, den je ein Mensch besessen hat.«

Die Mongolen erstürmen 1258 Bagdad, Illustration von Sayf al-Vahidi, 1430

Bagdad, heute mit über 5 Millionen Einwohnern, blickt auf eine wechselvolle Geschichte zurück: Im Jahr 762 wurde die Stadt vom Abbasiden-Kalif Abu Dschafar al-Mansur (Regierungszeit 754–775) gegründet. Nur wenige Kilometer entfernt lag die alte persische Hauptstadt der Sassaniden, Seleukia-Ktesiphon. Unter der muslimischen Dynastie der Abbasiden (der zweiten Dynastie nach den Omayyaden in Damaskus) wurde die kreisförmig angelegte Stadt prächtig ausgestaltet. An der wichtigsten Ost-West-Verbindung gelegen, dazu im Fruchtbaren Halbmond Mesopotamiens wuchs die Stadt rasch und wurde zudem zu einem Zentrum von Wissenschaft und Kunst, die in ihrer Blütezeit alle anderen eurasischen Städte übertraf. Bagdad gewann durch den Handel unermesslichen Reichtum, der selbst Marco Polo beeindruckte, obwohl die Stadt bereits 1258 durch den Mongolenkhan Hülegü erobert und ihre Bevölkerung massakriert wurde. Seit 1534 gehörte die Stadt zum Osmanischen Reich, konnte aber ihre alte Bedeutung nicht wieder erlangen. Von 1917 an besetzten britische Truppen Bagdad; im Jahr 1921 wurde das Königreich Irak ausgerufen. Nach dem Putsch der Ba'th-Partei wurde Saddam Hussein von 1968 bis 2003 Präsident des Irak.

Die heutige Stadt zeigt wenig alte Bauten, zu groß waren die Zerstörungen der Kriege im Irak seit der Mongolenzeit. Bagdad ist jedoch wieder das politische und wirtschaftliche Zentrum des Irak.

▶ Mustansiriya-Universität,
▶▶ Buniya-Moschee,
Bagdad, Irak

Städte am Euphrat

Mesopotamien, das Zweistromland zwischen Euphrat und Tigris, das sich heute über die Staaten Irak und Syrien erstreckt, ist neben Ägypten, der Indus-Kultur und China eines der vier kulturgeschichtlichen Zentren der antiken Welt. Der fruchtbare Halbmond südlich von Anatolien und nordöstlich von Ägypten hat für die Siedlungsgeschichte der Menschheit, für die Entwicklung von Ackerbau und Viehzucht, aber auch für die Entstehung eines ersten keilschriftlichen Alphabets (ca. 2700 v. Chr.) eine große Bedeutung. Seit dem 11. Jahrtausend v. Chr. lässt sich eine Besiedlung dieser Region nachweisen; es folgten ab dem 4. Jahrtausend v. Chr. die Großreiche der Sumerer, Akkader, Babylonier, Assyrer, Neubabylonier. Danach herrschten die persischen Achämeniden, das griechisch-seleukidische Reich, die Römer, die persischen Sassaniden und schließlich ab der arabischen Eroberung die beiden muslimischen Dynastien der Omayyaden und Abbasiden. Durch den Mongolensturm wurde das Gebiet weithin zerstört; Seldschuken und schließlich Osmanen lösten die Mongolen ab.

▶ Ausgrabungen in Mari, ▶▶ Stadttor von Dura Europos, Syrien

Seit 1946 ist Syrien ein unabhängiger Staat mit (vor dem Bürgerkrieg ab 2011) ca. 21 Millionen Einwohnern auf einer Fläche von ca. 185 000 km^2, etwa der Hälfte von Deutschland. Ob Syrien als Staat erhalten bleibt, ist aufgrund der katastrophalen Bürgerkriegssituation fraglich. Die Bedrohung durch die reaktionäre Gruppe des »Islamischen Staates« schafft ebenso wie die Haltung des jetzigen Assad-Regimes unendliches Leid unter der Bevölkerung und zerstört unersetzliche Kulturgüter der Menschheitsgeschichte in großer Zahl – das kulturelle Erbgut Syriens wird vernichtet. Dennoch gibt es entlang des Stromes Euphrat eine ganze Reihe außergewöhnlicher Stätten:

▶ Halabiya am Euphrat ▶▶ Stadttor von Raqqa ▶▶▶ antike Stadt Resafa

- *Mari*, die Siedlung aus dem 3. Jahrtausend v. Chr. nahe der Grenze zum heutigen Irak, wurde aufgrund ihrer Bewässerungssysteme zu einem reichen Zentrum Mesopotamiens.
- *Dura Europos*, die archäologische Stätte am Euphrat, ist eine Gründung der seleukidischen Zeit (ca. 300 v. Chr.) und war wie viele griechische Kolonialstädte im Mittelmeerraum schachbrettartig angeordnet. Bekannt ist die Synagoge von Dura Europos, deren Fresken heute im Nationalmuseum in Damaskus zu sehen sind.
- *Halabiya*, gegründet um 270 n. Chr. von der Palmyra-Fürstin Zenobia, beherrschte als Zwillingsfestung den Euphrat.
- *Raqqa* stammt ebenfalls aus seleukidischer Zeit, wurde aber vor allem von den Abbasiden ausgebaut.
- *Resafa* wird als Rasappa bereits in alten assyrischen Schriften erwähnt, später war die großzügig angelegte Stadt eine römische Militärkolonie, wurde ab dem 4. Jahrhundert als Sergiopolis zu einem Pilgerzentrum (Grab des Sergios), erlebte in byzantinischer Zeit und unter den Omayyaden eine Blütezeit und wurde von den Mongolen restlos zerstört.

Palmyra – die Oase Tadmor

Palmyra – die Oase Tadmor, wie der Ort in der Antike genannt wurde – war bis zur teilweisen Zerstörung im Jahr 2015 durch die Terrorgruppe des IS eine der kulturgeschichtlich bedeutendsten Orte des Vorderen Orients. Mitten in der Syrischen Wüste gelegen war die Oasenstadt wegen ihres Wasserreichtums und ihrer Dattelpalmen und Granatapfelplantagen eine wichtige Station auch auf dem Weg der Seidenstraße zum Mittelmeer: Wer nicht der längeren Route entlang des Euphrats und damit dem Bogen des Fruchtbaren Halbmonds folgen wollte, konnte auf dieser direkten Route von Bagdad und Mari unmittelbar die westsyrischen Städte Homs und Hama und darüber auch das nördlicher gelegene Aleppo und das südlicher gelegene Damaskus, weiter nach Westen das Mittelmeer erreichen.

Bereits um 1900 v. Chr. wird ein Karawanenstützpunkt in dieser Oase erwähnt; auch in den Archiven von Mari finden sich Hinweise auf den Ort (Keilschrifttäfelchen von ca. 1800 v. Chr.). Aber erst um die Zeitenwende wird Tadmor häufiger genannt, die (heute zerstörten) Grabtürme und der gewaltige Baal-Tempel – ebenfalls zerstört – entstanden in dieser Zeit. Immer wieder versuchten die Römer und ihre Kontrahenten, die Parther, die Stadt in Besitz zu nehmen. Römischem Einfluss sind viele der Bauwerke zu verdanken (etwa das Hadrianstor im Gedenken an einen Besuch des Kaisers Hadrian im Jahr 129 n. Chr.). Trotz der Integration in das Römische Reich blieb Palmyra wegen seiner Lage und seiner wirtschaftlichen Bedeutung relativ autonom. Dies führte zur kurzen selbstständigen Herrschaft der Palmyrafürstin Zenobia (240–274 n. Chr.), die von 267–272 re-

Baal-Tempel, Palmyra, Syrien

gieren konnte. Dann griff der römische Kaiser Aurelian ein und besiegte die Herrscherin; im Jahr 273 wurde Palmyra weithin zerstört und hat seitdem nicht mehr zu neuer Blüte gefunden.

Vor der Eroberung durch den IS im Jahr 2015 zeigte sich die weit ausgedehnte archäologische Stätte Palmyra wie folgt: Auf einer Bergspitze wachte die Burg Qalaat Ibn Maan, eine Festung aus arabischer und seldschukischer Zeit. Darunter befanden sich verschiedene Nekropolen aus der Zeit von 200 v. Chr. bis 300 n. Chr. mit hoch aufragenden Grabtürmen. Im Osten der Stadt war der gewaltige Baal-Tempel, der von 17–32 n. Chr. gebaut wurde: Ein Gebiet von 200 x 200 m war von einer 11 m hohen Mauer umgeben. Im Zentrum lag der von hohen Säulenhallen umgebene Tempel des Gottes Baal; weitere Gebäude umgaben das Haupttheiligtum. Nekropolen und Baal-Tempel sind zerstört.

Die Stadt Palmyra betrat man durch das Hadrianstor, hinter dem die 40 m breite und 1,2 km lange Kolonnadenstraße begann. Tempel, Thermen, Theater, Agora, Senatsgebäude und Geschäftshäuser lagen rechts und links dieser Magistrale, ein Tetrapylon (4 x 4 Säulen) markierte den Kreuzungspunkt der beiden Hauptstraßen. Nördlich stand der ebenfalls gesprengte Baal-Schamin-Tempel (1. Jahrhundert n. Chr); der phönizische Gott Baal-Schamin (vergleichbar dem mesopotamischen-kanaanäischen Gott Bel – Baal) wurde hier verehrt.

▶ Kolonnadenstraße, ▶▶ Baal-Schamin-Tempel, Palmyra, Syrien

Aleppo – Hauptstadt islamischer Kultur

Die Zwei-Millionen-Stadt Aleppo (im arabischen: Halab) im Norden Syriens wird neben Mekka als »Hauptstadt islamischer Kultur« bezeichnet und das war bis zum Bürgerkrieg in der Tat so. Die Stadt kann auf eine siebentausendjährige Geschichte zurückblicken. Ab dem 2. Jahrtausend vor Christus gibt es schriftliche Quellen zu Aleppo, damals Yamkhad (Jamchad) genannt. Um 1800 setzt sich dieser Ort an die Spitze der Stadtstaaten im syrischen Gebiet, verliert aber im weiteren Verlauf an Einfluss. Erst durch die griechische Neugründung ca. 300 v. Chr. wächst die Stadt erneut um den Zitadellenhügel und in einer hellenistischen Stadtstruktur mit rechteckigen Wohnvierteln. In römischer und byzantinischer Zeit setzt sich diese Entwicklung fort. Ab der arabischen Eroberung beginnt (vergleichbar Damaskus, Seite 194f.) ein politischer, kultureller und wissenschaftlicher Aufstieg, der bis zur mongolischen Eroberung im 13. Jahrhundert andauert. Ab 1516 gehört Aleppo zum osmanischen Reich und hat darin als Gouverneurssitz der syrischen Provinz eine höhere Bedeutung als Damaskus. Trotz des Titels Weltkulturerbe für die Altstadt von Aleppo sind im syrischen Bürgerkrieg weite Teile der Stadt zerstört worden. Dies gilt in besonderer Weise für die Omayyadenmoschee, die Zitadelle und den berühmten Basar der Stadt.

Hauptgebäude der Omayyadenmoschee, Aleppo, Syrien

Die Zitadelle ist die Mitte der Stadt; sie geht bis auf die griechische Zeit zurück und war nicht nur Festung, sondern auch Kultplatz für Zeus. Der islamischen Legende nach war der Hügel aber bereits einer der Weideplätze von Abraham und seiner Sippe – deshalb gibt es dort eine Abrahamsmoschee. In der Kreuzfahrerzeit wurde die Festung vergrößert; nach den Zerstörungen durch die Mongolen und Timuriden wurde sie jeweils wieder aufgebaut.

Im Basar von Aleppo, Syrien

Für Muslime ist die Omayyadenmoschee westlich der Zitadelle ebenso wie die Omayyadenmoschee in Damaskus von höchster Bedeutung. Sie geht zu Beginn des 8. Jahrhunderts auf die Omayyadenkalifen Walid I. und dessen Bruder Suleiman zurück; die heutige Bausubstanz stammt aus dem 13. Jahrhundert. Die Moschee hat Teile einer byzantinischen Helena-Kirche und vielleicht auch eines früheren heidnischen Tempels integriert. Vor allem das um 1090 entstandene Minarett dieser Moschee war eine architektonische Glanzleistung islamischer Architektur.

Zitadelle, Aleppo, Syrien

Von Aleppo nach Damaskus – Ebla und Hama

Ost- und Mittelsyrien sind weitgehend von Steppe und Wüste geprägt, dementsprechend gibt es dort Siedlungen vor allem entlang des Euphrat und nur wenige Oasen im zentralen Bereich (wie Palmyra/Tadmor). In Westsyrien dagegen ist die Situation anders. Hier wird seit alter Zeit eine Wasserwirtschaft betrieben, die auch in trockenen Regionen für einen reichen landwirtschaftlichen Ertrag sorgt. Bestes Beispiel dafür sind die gewaltigen Wasserräder (Nauras) in der Stadt Hama, die Wasser aus dem Fluss Orontes über 20 m hoch in Kanäle leiten, die die auf der Hochebene gelegenen Felder bewässern. Diese gewaltigen Gebilde – ganz aus Holz erbaut – verrichten teilweise seit 600 Jahren ihren Dienst, ihr Ächzen führte zum Namen Naura – »Die Grunzende«. Inwieweit diese Wasserschöpfräder der früher von 600 000 Einwohnern bewohnten Stadt Hama durch den syrischen Bürgerkrieg ebenso wie die Stadt selbst zerstört wurden, ist ungewiss.

▶ Ausgrabungen in Ebla
▶▶ Im syrischen Bergland

Die Stadt Hama kann auf eine Siedlungsgeschichte von 10 000 Jahren zurückblicken; besonders in der assyrischen Zeit war die Stadt häufig umkämpft. Die Seleukiden nannten den Ort Epiphania; sie wurden von den Römern und von Byzanz abgelöst, bis 639 die Araber die Herrschaft über das syrische Gebiet gewannen. Zu Beginn des 12. Jahrhunderts geriet die Stadt unter die Herrschaft der Kreuzfahrer (vgl. Seite 196f.), wurde aber 1178 von Sultan Saladin erneut islamisiert. Seit 2011 ist die Stadt ein Zentrum der Proteste gegen das Assad-Regime – mit zerstörerischen Folgen.

Naura (Wasserrad) am Orontes, Hama, Syrien

Außer für die Wasserschöpfrädern ist Hama bekannt für seine Zitadelle, bei der Archäologen Schichten bis ins 5. Jahrtausend v. Chr. freigelegt haben. Die Altstadt von Hama war vor ihrer Zerstörung im Bürgerkrieg ein Gemisch aus schönen Bürgerhäusern mit Holzbalkonen und Soukhs mit einer Vielzahl von Geschäften. Hinzu kamen verschiedene Moscheen; die Freitagsmoschee wurde auf den Grundmauern eines römischen Tempels errichtet.

In Hama, Syrien

Nördlich von Hama befindet sich die archäologische Stätte Ebla (Tell Mardikh) – dies war einer der antiken Stadtstaaten im Westen des heutigen Syriens. Die Ausgrabungen brachten Funde ab 3000 v. Chr. zutage, vor allem ein Palast aus der Bronzezeit mit großen Dimensionen ist unter den vielen Bauwerken der Stadt auffallend.

Damaskus – Stadt der Omayyaden

»Das Gegenstück zum Paradies im Himmel ist Damaskus, das Paradies auf Erden.« So lautet ein Wort eines muslimischen Reisenden im Mittelalter. Und wirklich ist diese Stadt mit ihrer alten Geschichte einer der Höhepunkte unter den vielen bedeutsamen Städten entlang der Route der Seidenstraße, ein kulturelles und religiöses Zentrum über 3000 Jahre hinweg und heute zudem die Hauptstadt Syriens mit (vor dem Bürgerkrieg) ca. zwei Millionen Einwohnern.

Das in der Bibel häufig erwähnte aramäische Königreich mit Damaskus als Zentrum umfasste einen Zeitraum von ca. 1200 bis 733 v. Chr., als das Reich von den Assyrern eingenommen wurde. Erst unter den Seleukiden war die Stadt wieder Hauptstadt eines Reiches bis zur Eroberung durch Rom (66 v. Chr.). Doch die eigentliche Blütezeit der Stadt beginnt erst nach der arabischen Eroberung im Jahr 635 und nach der Gründung des Omayyadenreiches (auch Umayyaden) durch den Kalifen Muawiya I., durch den Damaskus zum geistlichen und religiösen Zentrum eines Reiches wurde, das von Spanien bis Zentralasien reichte. Dies dauerte bis zur Abbasiden-Dynastie, die bereits 750 ins neu gegründete Bagdad zog.

In Damaskus

Sehenswert in Damaskus ist das Nationalmuseum mit Schätzen aus 4000 Jahre Geschichte der Region. Bedeutsam ist darin auch der Nachbau der Synagoge von Dura Europos (vgl. Seite 187), in den die alten Fresken aus der Euphratstadt übertragen wurden.

In der Altstadt gibt es sowohl jüdische, christliche wie islamische Bereiche mit jeweils eigenen Sehenswürdigkeiten. Die Omayyadenmoschee ist Damaskus ist dabei ein durchaus religions-

verbindender Ort: Denn an dieser Stelle stand ursprünglich ein Tempel des Jupiter aus römischer Zeit. Dieser wurde im 4. Jahrhundert durch eine christliche Kathedrale ersetzt, in der das Grab von Johannes dem Täufer (also einer jüdischen Gestalt) verehrt wurde. Dieses Grab blieb auch erhalten, als nach der islamischen Eroberung von Damaskus der Kirchenbau zu einer großen Moschee mit Hofanlage und Minaretten (oben im Bild links das sogenannte Jesusminarett) erweitert wurde. Viele weitere Moscheen, aber auch Paläste islamischer Fürsten, dazu Basare, schmücken die Altstadt von Damaskus.

Omayyadenmoschee, Damaskus, Syrien

Krak des Chevaliers – die Kreuzfahrer

Die arabisch-islamische Eroberung des Vorderen Orients, von Nordafrika, Spanien und teilweise Frankreich hatte in den europäischen Bevölkerungen ein Gefühl der Erniedrigung hervorgerufen. Zudem waren die heiligen Orte jüdisch-christlichen Glaubens in Israel an die Muslime verloren gegangen; Pilgerfahrten an die Orte, wo Jesus gewirkt hatte, waren nur selten möglich. Deshalb verwundert es nicht, dass der Wunsch immer stärker wurde, »das Heilige Land von den Ungläubigen zu befreien«, wie es Papst Urban II. im Jahr 1095 in Clermont verkündete.

Was folgte, ist eine der unheilvollen Geschichten des Christentums, in denen die religiösen und moralischen Ansprüche des Religionsstifters zutiefst verraten wurden. Zudem hat die Geschichte der nun beginnenden Kreuzzüge Auswirkungen bis heute, weil so in der durch die islamische Eroberung bereits begonnenen kämpferischen Auseinandersetzung mit dem Islam ein neues Kapitel geschrieben wurde: Schwert statt Dialog. Dieser Kampf der sich im wahren Glauben fühlenden katholischen Christen bezog sich zuerst nur auf das Heilige Land, später richtete er sich auch gegen verschiedene andere Gruppen – gegen die orthodoxen Christen in Konstantinopel, gegen nicht zum Christentum gehörende Völker wie die Balten und gegen

Kreuzfahrerburg Krak des Chevaliers, Syrien

christliche »Abweichler« wie die Katharer und Albigenser. Selbst der amerikanische Präsident Bush sprach bei seinem völkerrechtswidrigen Krieg gegen den Irak noch von einem Kreuzzug.

Blick in einen Innenhof, Krak des Chevaliers, Syrien

Im Wesentlichen werden sieben Kreuzzüge in den Jahren von 1096 bis 1272 verzeichnet; hinzu kommen weitere wie der Kinderkreuzzug im Jahr 1212. Die ersten vier Kreuzzüge hatten militärisch Erfolg; vier Kreuzfahrerstaaten wurden in der Levante gegründet – danach allerdings ging es allein um die Verteidigung dieser eroberten Gebiete, bis 1291 die Stadt Akkon als letzte der Kreuzfahrerstädte zurück an die Muslime fiel.

Unter den riesigen Kreuzfahrerfestungen (wie in Akkon oder in Kerak) ragt Krak des Chevaliers an der heutigen syrisch-libanesischen Grenze durch seine Größe heraus. Zwischen 1150 und 1250 entstanden, fasste die Burg bis zu 2000 Kämpfer, dazu die Bediensteten der Kreuzritter. Die Burg wurde militärisch nicht erobert, wohl aber bis zur kampflosen Aufgabe 1271 von Sultan Baibar belagert.

Rittersaal im Krak des Chevaliers, Syrien

Byblos – Alphabet und Papyrus

Byblos, mit dem alten akkadischen Namen Gubla, ist eine der ältesten Siedlungen der Erde, archäologische Funde gehen bis ins 5. vorchristliche Jahrtausend zurück; eine Stadtmauer gab es bereits um 2800 v. Chr. Doch ihre Blütezeit hatte die Stadt in phönizischer (ca. 1500–500 v. Chr.) und römischer Zeit, als die Stadt den wichtigsten Hafen im östlichen Mittelmeerraum besaß. Besonders enge Beziehungen hatte Byblos in der Bronzezeit mit Ägypten; Zedernholz wurde nach Süden transportiert und ägyptischer Papyrus nach Norden. Byblos wurde zu *dem* Handelsort für Papyrus und zur Produktionsstätte für Papyrusrollen, auf denen man leichter schreiben konnte als auf den vorab verwendeten Materialien.

Ein erstes Keilschriftalphabet hatte es um 1500 v. Chr. im 150 km nördlicher gelegenen Stadtstaat Ugarit gegeben, wo Zeichen in Tontäfelchen eingeschlagen wurden; diese wurden anschließend gebrannt. Ebenfalls bekannt war das Schreiben auf Pergament, leicht behandelter Tierhaut – dieses aber war teuer und schwierig herzustellen. Die kostengünstigere und leichter zu fertigende Alternative war Papyrus, das bereits im 3. Jahrtausend v. Chr. in Ägypten als Schriftträger genutzt wurde. Dabei wurden die Halme des Papyrusgrases geschnitten, das Mark freigelegt und in ca. 4 cm breite Streifen

Maronitische Johannes-der-Täufer-Kathedrale, Byblos, Libanon

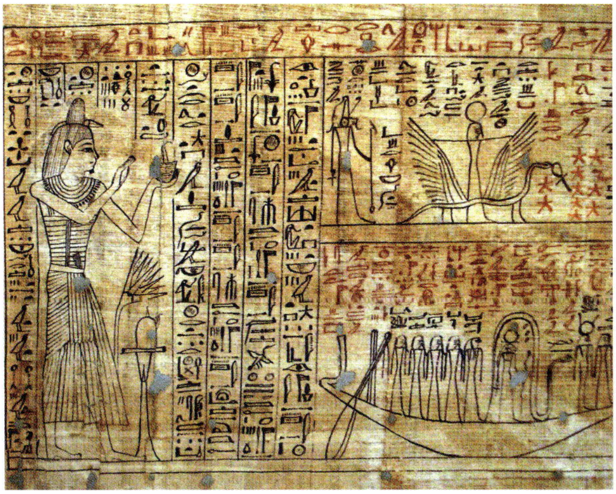

geschnitten, die dann kreuzweise übereinandergelegt, gepresst und getrocknet wurden. Die einzelnen Blätter konnten zu Rollen zusammengeklebt werden, sodass nun nicht nur Pergamentrollen, sondern auch leichtere Pyprusrollen für lange Schriftstücke möglich wurden. Auf diese Rollen schrieb man mit schwarzer (Ruß) oder roter (Ocker) Farbe. Solche Rollen nannten die Griechen nach dem Haupthandelsplatz *biblion* – daraus ist der Begriff für ein Buch entstanden, vor allem für das »Buch der Bücher«, die Bibel. Auch das Wort Papier für das in China um das Jahr 100 n. Chr. von Cai Lun erfundene Schreibmaterial stammt vom Wort Papyrus. Papier ist dann über die Seidenstraße nach Europa gelangt und hat die alten Schreibgrundlagen abgelöst. Auf Papyrus und Papier wurde es möglich, nicht nur gerade Linien darzustellen (wie bei der Keilschrift) sondern auch gebogene – dies war die Voraussetzung für die Entwicklung der Alphabete in den heutigen Formen.

Bei diesem Papyrus aus dem ägyptischen Museum in Kairo ist noch gut die Streifenstruktur der einzelnen Papyrusstängel zu erkennen, ebenso die aneinandergeklebten Papyrusrollen

In Byblos sind heute die archäologischen Reste verschiedener antiker Tempel (etwa für Baal) zu sehen, dazu eine gut erhaltene Kreuzfahrerburg und die Kirchen verschiedener orthodoxer Konfessionen.

Die Stadt Byblos im Abendlicht, Libanon

Beirut – Sidon – Tyros

Entlang der levantischen Küste (heute im Norden Syrien, in der Mitte Libanon, im Süden Israel) liegen wie an einer Perlenkette aufgereiht Hafenstädte jeweils im Abstand von ca. 40 km. Das war die Strecke, die die kleinen Küstenschiffe der Antike an einem Tag zurücklegen konnten. Ein gutes Beispiel für diese Anordnung sind die vier libanesischen Häfen Byblos, Beirut, Sidon und Tyrus.

- *Beirut* ist mit seinen 2 Millionen Einwohnern die Hauptstadt des heutigen Libanon, wo auf einer Fläche von nur 10 000 km^2 etwa 6 Millionen Menschen leben (hinzu kommen bis zu 2 Millionen Flüchtlinge aus Syrien). Wie im gesamten Libanon findet sich auch in Beirut ein Gemisch von Religionen: Jeweils 27 % der Bevölkerung sind sunnitische und schiitische Muslime. Hinzu kommen 7 % Drusen, eine Abspaltung von ägyptischen Schiiten im 11. Jahrhundert. Bei den Christen herrschen die Maroniten mit 21 % vor, eine mit Rom unierte, auf den syrischen Mönch Maron des 5. Jahrhunderts zurückgehende Gemeinschaft. Zudem gibt es ca. 8 % griechisch-orthodoxe Christen und weitere 12 % Christen anderer Konfessionen. Neben anderem ist diese religiöse Vielfalt einer der Gründe für die vielfachen Auseinandersetzungen in der Bevölkerung und eine labile politische Führung des Libanon. In Beirut finden sich deshalb auch Gebäude der unterschiedlichen Religionen, meist aber in verschiedenen Stadtvierteln, in denen die Bevölkerung religiös einheitlich ausgerichtet ist. In der vorrömischen Antike wurde Beirut Berytos genannt, davon ist aber nichts erhalten geblieben. Die Römer hatten hier einen Militärstützpunkt und einen

In Tyros, Libanon

Hafen. Ebenso wie in den anderen Levantestädten gibt es eine Reihe von archäologischen Stätten wie Tempelfundamente und Thermen, die an die römische Zeit erinnern. Aus muslimischer Zeit stammt neben anderen Moscheen die Al-Omari-Moschee, die größte der Stadt.

- 43 km südlich von Beirut und durch eine fruchtbare Landschaft erreichbar liegt die Provinzhauptstadt *Sidon* (antik: Saida) mit ca. 100 000 Einwohnern und weiteren 100 000 palästinensischen Flüchtlingen. Unter den Phöniziern war dieser Ort von hoher Bedeutung, in dieser und in römischer Zeit war die Purpur- und Glasproduktion von Saida berühmt. Hier war auch ein Zentrum des vorderorientalischen Mithraskultes. 1110 besetzten die Kreuzritter die Stadt – auf sie geht u.a. die Seefestung Qala'at al Bahr zurück.
- *Tyrus* (arabisch *Sour* = Felsen, Landzunge)) liegt weitere 50 km südlich und fast an der heutigen Grenze zu Israel. Auch diese Stadt hat eine fast 5000-jährige Geschichte und war wegen ihrer strategischen Lage immer umkämpft. Aus römischer Zeit stammen eine große Nekropole, ein Hippodrom, eine Kolonnadenstraße mit Geschäften im Zentrum, Hafenanlagen und die Säulenstümpfe einer Therme. Heute ist die Stadt schiitisch geprägt.

▶ Neue Moschee am Märtyrerplatz, Beirut
▶▶ Seefestung, Sidon,
▶▶▶ Römische Therme, Tyrus. Libanon

Mittelmeer bis Rom

»Alle Wege führen nach Rom.« Nun, vielleicht nicht alle, aber die Handelswege der Seidenstraße von Ost nach West hatten über den größten Teil der Seidenstraßenzeit vom zweiten vorchristlichen bis 15. nachchristlichen Jahrhundert Rom als Ziel. Dies war zuerst die Hauptstadt des Römischen Reiches; nach der Verlagerung des Regierungssitzes nach Konstantinopel (vgl. Seite 174f.) und nach der Teilung des Römischen Reiches 395 n. Chr. blieb Rom die Hauptstadt des Weströmischen Reiches. Zudem war Rom Sitz des im Westen einflussreichsten Bischofs, der seit dem 3. Jahrhundert und ab dem 9. Jahrhundert ausschließlich den Titel Papst (papa) trägt. Nach dem Niedergang des Weströmischen Reiches Ende des 6. Jahrhunderts trat der Papst an die Stelle der weltlichen Herrscher von Rom – er wurde zum Stadtherrn, in späteren Jahrhunderten auch zum Herrscher des mittelitalienischen Kirchenstaates. Rom, die »Ewige Stadt«, so der Dichter Tibull im 1. Jahrhundert n. Chr., blieb im westlichen Europa das geistliche Zentrum bis zur Neuzeit.

Von den Hafenstädten der Levanteküste aus fuhren Schiffe seit vorchristlicher Zeit nach Rom. Sie brachten auch die kostbare Seide aus Serica (vgl. Seite 26f.) mit, deren Herkunft den Römern unverständlich war, die sie aber im Überfluss kauften – so viel, dass durch den Abfluss von Silber und Gold für den Seidenkauf die römische

Römisches Schiff, Abbildung auf einem Sarkophag, 3. Jh. n. Chr., Ny-Carlsberg Glyptothek, Kopenhagen, Dänemark

Staatskasse um die Zeitenwende in Gefahr geriet. Über diese zentrale Ware hinaus wurden vielfältige Güter getauscht (vgl. Seite 28f.); für die Römer waren die Güter aus dem Osten wegen der hohen Transportkosten über den 10 000 km langen Seidenstraßenweg reine Luxusgüter. Doch auch Erfindungen gelangten über die Seidenstraße nach Rom – vom Schiffsruder bis zu den Nudeln, die heute die italienische Küche prägen, aber letztlich chinesischen Ursprungs sind (vgl. Seite 30f.).

Die Stadt Rom wurde der Legende nach im Jahr 753 v. Chr. von den Zwillingsbrüdern Romulus und Remus gegründet. Zuerst nur eine kleine mittelitalienische Stadt auf sieben Hügeln setzte sich der Ort schon bald auf dem ganzen italienischen Stiefel und darüber hinaus als kleines Königreich durch. Von 509 v. Chr. an wurde Rom zur Republik adeliger Patrizier, die über die rechtlosen Plebejer herrschten. Im 1. Jahrhundert v. Chr., also zu Beginn der Seidenstraßenzeit, hatte Rom bereits eine Bevölkerung von über eine Million Einwohnern – dies entsprach der Bevölkerung von Xian auf der anderen Seite der Seidenstraßenroute. Beginnend mit Augustus wird das nun das ganze Mittelmeergebiet umfassende Römische Reich zum Kaiserreich – dies auch über die Spaltung des Reiches hinweg.

In Rom sind zwei Gruppen von Sehenswürdigkeiten von Bedeutung: Zum einen die aus der römischen Kaiserzeit stammenden archäologischen Stätten, zum anderen die Kirchen der christlichen Zeit, allen voran der erst im 16. Jahrhundert gebaute Petersdom.

Forum Romanum,
Rom,
Italien

Mittelmeer bis Venedig und Genua

Waren zu Beginn der Seidenstraßenzeit Rom und später Konstantinopel die westlichen Endpunkte der Seidenstraße, so änderte sich dies ab dem 7. Jahrhundert. Nun wurden aufgrund der islamischen Eroberung Vorderasiens und aufgrund der nunmehr eher auf das westliche Europa orientierten Ausrichtung Roms (Merowingerreich, Frankenreich) andere Hafenstädte Norditaliens bedeutsamer, die sich weniger auf Politik als auf den Handel konzentrierten – allen voran Venedig und sein Rivale Genua.

Das historische Zentrum von Venedig liegt geschützt auf mehreren Inseln in der Lagune von Venedig, sodass die Stadt gut zu verteidigen war. Zwar blieb Venedig nach der Teilung des Römischen Reiches bei Ostrom/Byzanz, doch wurde der Einfluss des oströmischen Kaisers immer geringer. Die lokale Regierung unter einem Dogen entwickelte die Stadt zu einer größeren Selbstständigkeit. Ein dafür symbolisch wichtiges Datum war das Jahr 828, als die Reliquien des Evangelisten Markus aus Alexandria nach Venedig gebracht wurden – der Markusdom entstand, der Markuslöse wurde das Wappentier Venedigs und verdrängte den Stadtheiligen Theodor.

Giovanni Antonio Canal (1697–1768), Die Rückkehr des Bucentaur nach Venedig, 1727, Puschkin-Museum, Moskau

Der Reichtum der Stadt wuchs durch den Handel mit dem östlichen Mittelmeerraum und den Ländern der Seidenstraße: Seide, Elfenbein und Gewürze kamen aus Asien, Weizen kam aus Nordafrika nach Italien, Edelmetalle, Bernstein und Glaswaren wurden in den Osten verkauft. Seit 1104 baute Venedig Kriegs- und Handelsschiffe auf einer eigenen Werft. Den Vierten Kreuzzug 1204 nutzte die Stadt, um im eroberten Konstantinopel ein venezianisches Händlerviertel einzurichten und schon bald danach auch Handelsniederlassungen auf der Krim zu gründen (vgl. zur Familie der Polos Seite 42f.). Auch der Peleponnes, Kreta, Zypern und viele Orte entlang der adriatischen Küste des Balkan wurden venezianische Kolonien. Erst nach dem Fall Konstantinopels an die Osmanen begann der Niedergang der Stadt, die östlichen Kolonien gingen verloren. Venedig versuchte, diese Verluste durch Eroberungen in Norditalien wettzumachen.

Erst im 12. und 13. Jahrhundert begann Genua, den Handel zuerst im westlichen, dann – durch die Kreuzzüge bedingt – auch im östlichen Mittelmeerraum auszubauen. Dies führte immer wieder zu kriegerischen Auseinandersetzungen mit den Venezianern (bei der Marco Polo in genuanesische Gefangenschaft geriet). Im 16. Jahrhundert richtete sich der Blick Genuas auf Spanien und das neu entdeckte Amerika und die Finanzierung der Entdeckungsfahrten.

Venedig, Italien

Die Seidenstraße – eine Perspektive

Von ihrem Beginn etwa um 200 vor Christus bis zu ihrem allmählichen Niedergang im 15. Jahrhundert hatte die Seidenstraße eine für die Geschichte und Entwicklung der Menschheit nicht zu unterschätzende Bedeutung. Über sie sind nicht nur eine Fülle von Waren, vor allem Luxusartikel wie Seide, Edelmetalle, Glas, Felle und Kosmetika zwischen Ost und West getauscht worden, sondern ebenso wurden auch Ideen und Erfindungen transportiert – meist von Ost nach West, wo manche Erfindung wie der Kompass dann weiterentwickelt und verbessert wieder zurück nach China gebracht wurde. Auch Religionen, Gedankensysteme und Wertvorstellungen nutzten die Verbindung der Seidenstraße – diese meist von West nach Ost. Ohne die Seidenstraße wäre das religiöse Bild Ostasiens heute anders und ohne die Seidenstraße wären manche Grundlagen für die technische und industrielle Entwicklung Europas nicht erfolgt. Der Austausch der beiden großen Zivilisationen in Europa und China (nebst anderen Gebieten Ostasiens), dazu teilweise auch Indien brachte nicht nur unermessliche Vorteile für die wirtschaftliche Entwicklung der Regionen, sondern auch einen geistigen Austausch, der beide Seiten befruchtet hat.

Es verwundert deshalb nicht, dass die Seidenstraße heute in einer globalisierten Welt wieder neue Bedeutung gewinnt. Nach ihrem Niedergang durch die Verlagerung des Handels von den mühsamen und zeitraubenden Landwegen auf die schnelleren Seewege im 16. Jahrhundert, nach der Isolation des chinesischen Kaiserreiches

Panoramakarte der Seidenstraße, Macao-Museum, China

unter der Ming-Dynastie, nach der für Europa veränderten Situation durch die »Entdeckung« Amerikas und die Verlagerung vieler Handelswege in diese Region wächst im 21. Jahrhundert das Bewusstsein eines großen Wirtschaftsraumes, der von China bis Europa reicht. Natürlich wandern auf den Verbindungswegen dieser eurasischen Region keine Kamelkarawanen mehr, sondern »eiserne Kamele« – Eisenbahnen und LKWs, dazu Flugzeuge, die für die Strecke von China nach Europa und umgekehrt nur noch wenige Stunden brauchen. Doch eine neue Seidenstraße – wie die alte auf verschiedenen Wegen – ist nicht länger ein Traum, sondern wird zumindest von der chinesischen Regierung mit großem Einsatz Stück für Stück in Angriff genommen (vgl. dazu Seite 44f. »Die neue Seidenstraße«). Der Wunsch am Ende dieses Buches ist, dass diese neue Seidenstraße wie die alte nicht nur wirtschaftliche und politische Bedeutung hat, sondern zu einem besseren Verständnis von Ost und West beiträgt.

Bild- und Textnachweis:

Karte im Vorsatz und Nachsatz und in Ausschnitten im Innenteil:
Grundbestand aus Wikipedia Commons,
Urheber: Captain Blood , Karte vom Autor bearbeitet

8	© hasachai boon-nuang – istockphoto.com
9	und alle weiteren Zitate von Marco Polo: Marco Polo, Die Wunder der Welt. Die Reise nach China an den Hof des Kublai Khan, Übersetzung Elise Guignard, Insel Verlag, Frankfurt am Main und Leipzig 2003
13	Mă Lākuà
19,1	unbekannt; 19,2 Thompson; 19,3 McClure's Magazine 1897
20	Hylgeriak/Wikipedia
21	Jucember
25	chensiyuan
33	Zossolino
42	Karte, Urheber Maximilian Dörrbecker (Chumwa) unter Nutzung von Daten aus Natural Earth
43,1,3	unbekannter mittelalterlicher Künstler
43,2	Maître de la Mazarine, 1410
45	Fanghong
49	kevinmcgill, Den Bosch, Niederlande
50	Colegota
60–61	fdecomite
61	Xiaohan4749
62	Hons084/Wikipedia Commons/
63	Bouette
65	Sigismund von Dobschütz
71	Colegota
74	NASA-Bild
77	Colegota
83	Text aus Wikipedia »Muztagata«
92	Ch sohail83
95	Ismoon (Diskussion)
101	Yosarian
106	G41rn8
107	Unbekannt
127,1	Jean-Pierre Dalbéra, Paris
135	Hergit
139	Nik_Pendaar
143	Mohammad mahdi P9432
144	unbekannt
146	Truth Seeker
162	uncredited
182–183	Ahadagha
184	Sayf al-Vahidi, 1430
185,1	CPT photo
185,2	Roger McLassus
199,1	Egyptian Museum, Kristoferb
202	Gun Powder Ma
203	Carla Tavares
204	Giovanni Antonio Canal (Canaletto, 1697–1768)
205	BKP
206	American Colony Jerusalem, 1918

Alle anderen Fotos stammen aus dem Archiv des Autors.

Vom gleichen Autor stammt der ähnlich gestaltete Band:
Die Welt des Buddhismus, Theiss, Darmstadt 2015

Der Weg durch China:
1 Xian (48–49)
2 Gansu/Lanzhou (50–51)
3 Bing Ling Si (52–53)
4 Linxia (54–55)
5 Labrang (56–57)
6 Kumbum (58–59)
7 Jiayuguan (60–61)
8 Wüste Gobi (62–63)
9 Dunhuang (64–65)
10 Mogao-Grotten (66–67)
11 Taklamakan (68–69)
12 Turpan-Senke (70–71)
13 Jiaohe (72–73)
14 Bezeklik-Grotten (74–75)
15 Oasenstädte (76–77)
16 Kashgar (78–79)

Der Weg nach Nordindien
17 Karakorum (82–83)
18 Pamir (84–85)
19 Kongur Shan (86–87)
20 Khunjerab-Pass (88–89)
21 Hunzaland (90–91)
22 Karakorumtal (92–93)
23 Gilgit/Industal (94–95)
24 Taxila (96–97)
25 Punjab (98–99)
26 Ganges (100–101)
27 Varanasi (102–103)
28 Bodh Gaya (104–105)
29 Nalanda (106–107)